ADOLPHE JOANNE

GÉOGRAPHIE

DE LA

DORDOGNE

14 gravures et une carte

HACHETTE ET Cᴵᴱ

GÉOGRAPHIE

DU DÉPARTEMENT

DE LA

DORDOGNE

AVEC UNE CARTE COLORIÉE ET 14 GRAVURES

PAR

ADOLPHE JOANNE

AUTEUR DU DICTIONNAIRE GÉOGRAPHIQUE ET DE L'ITINÉRAIRE
GÉNÉRAL DE LA FRANCE

PARIS

LIBRAIRIE HACHETTE ET Cⁱᵉ

79, BOULEVARD SAINT-GERMAIN

—

1877

TABLE DES MATIÈRES

LISTE DES GRAVURES

Typographie Lahure, rue de Fleurus, 9, à Paris.

DÉPARTEMENT

DE LA

DORDOGNE

I. — Nom, formation, situation, limites, superficie.

Le département de la Dordogne doit son nom à la rivière de la Dordogne qui le traverse de l'est à l'ouest dans sa partie méridionale.

Il a été formé, en 1790, de la presque totalité du **Périgord** (786,048 hectares) et d'une portion de l'**Agenais** (99,250 hectares), pays appartenant tous les deux à l'ancienne **Guyenne**, et enfin d'une partie du **Limousin** (25,858 hectares) et de l'**Angoumois** (30,250 hectares).

Il est *situé* dans la région sud-ouest de la France; il n'est séparé, à l'ouest, de l'océan Atlantique que par le département de la Gironde. Au nord, six départements le séparent de la Manche, ce sont : la Haute-Vienne, l'Indre, le Loir-et-Cher, l'Eure-et-Loir, l'Eure et la Seine-Inférieure; mais il n'en faut traverser que trois, le Lot-et-Garonne, le Gers et les Hautes-Pyrénées, pour atteindre la frontière d'Espagne. Dans la direction du sud-est trois départements, le Lot, l'Aveyron et l'Hérault, le séparent de la mer Méditerranée; pour gagner la frontière d'Italie, à l'est, il en faut traverser sept : la Corrèze, le Cantal, la Haute-Loire, l'Ardèche, la Drôme, l'Isère et les Hautes-Alpes. Au nord-est, il en faut traverser six pour atteindre la frontière d'Allemagne, ce sont : la Corrèze, le Puy-de-Dôme, l'Allier, la Saône-et-Loire, le Jura et le Doubs; enfin cinq départements, la Haute-Vienne, l'Indre, le Loir-et-Cher, le Loiret et la Seine-et-Oise, le séparent de Paris. Son chef-lieu, Périgueux, est à 499 kilomètres sud-sud-ouest de Paris, par le chemin de fer, et à 368 kilomètres seulement en ligne directe. Il est situé dans la région sud-ouest de la France, entre .e 44° 35' 11" et le 45° 42' de latitude et entre le 0° 53' 20" et le 2° 22' de longitude ouest.

Le département de la Dordogne est *borné* : au nord, par celui de la Haute-Vienne ; à l'est, par la Corrèze ; au sud, par le Lot et le Lot-et-Garonne ; au sud-ouest, par la Gironde ; à l'ouest, par la Charente-Inférieure et la Charente. Ses limites sont tout à fait conventionnelles, c'est-à-dire tracées à travers champs et non formées par des obstacles naturels, tels que mer, montagne ou rivière ; toutefois, sur plusieurs points de peu d'étendue, il y a des frontières naturelles, notamment le lit de la Dronne (31 kilomètres) et celui de la Nizonne (26 kilomètres), son affluent, qui le séparent, à l'ouest, de la Charente-Inférieure et de la Charente. La Dordogne le limite vers Sainte-Foy sur un parcours de 25 kilomètres, et la Vezère, du côté de Larche, pendant 10 kilomètres.

Sa *superficie* est de 918,256 hectares : sous ce rapport c'est le troisième département de la France. Sa plus grande *longueur* — du nord au sud-est, du point où se rencontrent la Charente et la Haute-Vienne, canton de Bussières-Badil, jusqu'à Loubéjac, commune du canton de Villefranche-de-Belvès — est, en ligne droite, d'environ 130 kilomètres ; dans le sens opposé, de l'ouest, commune de la Roche-Chalais (canton de Sainte-Aulaye), à l'est, commune de Larche (canton de Brives), la distance est de 110 kilomètres en ligne directe ; enfin son *pourtour* est de près de 500 kilomètres, si l'on néglige une foule de sinuosités de peu d'importance.

II. — Physionomie générale.

La Dordogne est un département heureusement accidenté,

bien que les nombreuses chaînes de collines qui le traversent du nord-ouest au sud-ouest atteignent, en général, une faible hauteur.

Les points culminants de la région la plus élevée du département, celle du nord, sont la forêt de Vieillecour au nord-ouest de Saint-Pierre-de-Frugie (478 mètres); colline entre Plagne et Monségou (459 mètres); Puisse-Chien, au sud de Firbeix (454 mètres); le signal de Meyniaud (452 mètres), etc.

L'inclinaison générale du sol est de l'est à l'ouest, — c'est là l'inclinaison du cours de la Dordogne — ou, plus exactement, du nord-est au sud-ouest, — ce qui est la direction des quatre rivières importantes du département, la Vézère, l'Isle, la Dronne et l'Auvezère.

A l'exception des hauteurs granitiques du Nontronais, des grès rouges de Montpazier, du petit bassin houiller de Beauregard, près Terrasson, enfin des riches alluvions des vallées et de quelques lambeaux peu importants de formations diverses, la Dordogne appartient aux terrains crétacé inférieur et calcaire jurassique, que recouvrent, en certains parages, d'assez vastes remblais tertiaires. Le sol s'y présente, en général, sous la forme de plateaux pierreux, secs, arides, monotones, couverts de vignes croissant dans les cailloux, de terres rouges ou jaunâtres, de misérables taillis couvrant à peine la nudité des collines; des grottes, dont quelques-unes très-vastes, telles que celles de Miremont et des Eyzies, s'ouvrent au-dessus du lit de torrents qui s'engouffrent souvent dans les failles de la craie ou du calcaire pour reparaître au jour et s'engouffrer encore. Mais si les plateaux ont un aspect si triste, si stérile, les vallées sont charmantes et souvent extrèmement fertiles.

La vallée de la Dronne, moins pittoresque que celle de la Vézère, et que certaines parties de la vallée de la Dordogne, est la plus jolie du département et peut-être de tout l'Ouest; sauvage et déserte jusqu'à Saint-Pardoux-la-Rivière, elle s'élargit au confluent de la Colle ou Côle et se peuple dès lors de paysages enchanteurs. La vallée de l'Isle est plus large, plus riche, mais moins gracieuse. Quant à la vallée de la Dordogne, elle est, vers Domme et Beynac, une des plus belles, et vers Bergerac une des plus fécondes de la France. Cette rivière, qui a, dans le département, un cours de plus de 170 kilomètres, serpente au travers de campagnes superbes.

Au-dessous de Lalinde et des rapides du Grand-Toret, du Saut-de-la-Gratusse et des Porcherons, les collines de gauche s'éloignent ; au-dessous de Mouleydier et de ses falaises de grès, celles de droite s'écartent à leur tour, et la vallée se transforme en une vaste plaine, la plaine de Bergerac, qui s'étend, au sud, jusqu'au pied des collines où croissent les vignobles renommés de Montbazillac.

Les plateaux arides qui occupent une partie considérable de l'est, du nord et du centre du département, tout en continuant à dominer faiblement ces vallées, deviennent de plus en plus étroits vers la partie occidentale, mais sans perdre rien de leur caractère sauvage ; au contraire, car c'est là que se trouve la Double.

La *Double*, vaste contrée de 48,000 hectares, s'étend entre les parties inférieures des vallées de l'Isle et de la Dronne. C'est la portion la plus infertile et la plus malsaine de ce beau département. Çà et là on y rencontre quelques champs cultivés, quelques vignobles qui tendent chaque jour à se multiplier aux dépens des bois de pins ; mais l'œil ne découvre partout ailleurs que des ajoncs, des coteaux stériles et des *nauves*, prairies mouillées, où prennent naissance des brouillards empoisonnés qui rendaient cette région presque inhabitable avant es travaux de desséchement des étangs qu'on y rencontrait, .esquels ont, en partie, été exécutés par des religieux (trappistes) établis dans ces parages.

III. — Cours d'eau.

Il est peu de départements aussi bien arrosés que celui de la Dordogne ; une grande rivière, 6 rivières moyennes ou petites et 600 ruisseaux le parcourent dans tous les sens. Les eaux se partagent très-inégalement entre la Gironde et la Charente. Au bassin de la Gironde appartiennent les bassins de la Dordogne, du Dropt et du Lot.

La **Garonne**, dont la Dordogne est le principal affluent, naît en Espagne, dans les Pyrénées. Elle passe bientôt en France, baigne Toulouse, Agen, Bordeaux, et rencontre la Dordogne au Bec-d'Ambez, à un peu plus de 20 kilomètres au-dessous de Bordeaux ; à ce point, elle a parcouru 575 kilomètres dans un bassin de 5,600,000 hectares, tandis que la Dordogne n'a pas tout à fait parcouru 500 kilomètres dans un bassin de 2,340,000 hectares. Quant au débit comparatif, c'est-à-dire au volume d'eau écoulé dans un temps donné, — à l'étiage, c'est-à-dire aux eaux très-basses, — il est environ de 40 mètres cubes ou 40,000 litres d'eau par seconde ; peut-être même la Dordogne est-elle alors quelque peu supérieure à sa rivale ; mais son débit moyen est moins considérable, et dans les crues extraordinaires elle n'a jamais dépassé 5,000 à 6,000 mètres cubes d'eau par seconde, tandis que la Garonne a dépassé 10,000.

Réunies sous le nom de Gironde, les deux grandes rivières se transforment en un estuaire, en une espèce de golfe vaseux de 75 kilomètres de longueur et de 10 à 12 d'étendue dans les parties les plus larges. Cet estuaire, navigable pour les grands vaisseaux, s'ouvre sur la mer à Royan, non loin du phare magnifique appelé Tour de Cordouan.

La **Dordogne** est la plus belle rivière de France après les cinq grands fleuves. Elle prend sa source dans les Monts-Dore (Puy-de-Dôme), sur les flancs du Puy-de-Sancy, le point culminant de la France centrale (1,886 mètres). En quittant le Puy-de-Dôme, après avoir baigné une seule ville, Bort, reçu le Chavanon et la Rue, cette dernière doublant certainement son volume d'eau, elle touche au Cantal qu'elle sépare de la Corrèze pendant un peu plus de 50 kilomètres ; dans ce long parcours, elle ne baigne aucune ville, pas même un simple chef-lieu de commune, parce qu'elle y coule au sein de gorges très-étroites et d'une extrême profondeur.

Elle pénètre ensuite dans le département de la Corrèze un peu au-dessous du confluent de l'Auze, par 260 mètres environ d'altitude, elle continue à serpenter dans de profonds défilés, jusque vers Argentat. Au-dessous de cette ville elle coule dans une vallée étroite encore, mais où se trouvent pourtant quelques villages ; elle ·entre dans le beau bassin de Beaulieu, quitte ensuite la Corrèze pour entrer dans le Lot dont elle traverse la partie septentrionale, et où elle passe sous un grand viaduc du chemin de fer de Paris à Toulouse, entre les stations de Saint-Denis et de Montvalent ; enfin elle pénètre, en aval de Souillac, dans le département auquel elle donne son nom, et le traverse dans toute sa largeur. Elle baigne Cazoulès, Calviat, Aillac, Carsac, Vitrac, Domme, le bas Castelnaud, Beynac, Allas-de-Berbiguières, Siorac, Limeuil, Ales, Trémolat, Mauzac, où commence le canal de Lalinde, destiné à éviter aux bateaux le passage du Grand-Toret et du Saut de la Gratusse, Badefols, Pontours, Lalinde, Rottersac (où se trouve le fameux Saut de la Gratusse), Port-de-Couze ; elle forme ensuite les rapides des Porcherons, arrose Saint-Capraise, Tuilière, où le canal de Lalinde débouche par un bel escalier d'écluses ; Mouleydier, Creysse, Bergerac, Lamouzie-Saint-Martin, Gardonne, Saint-Pierre-d'Eyraud, le Fleix, Sainte-Foy-la-Grande, le port Sainte-Foy, Saint-Seurin-de-Prats, la Mothe-Montravel, et entre définitivement, au confluent de la Lidoire, dans le département de la Gironde, où, après avoir baigné Castillon et reçu l'Isle à Libourne, elle va se joindre à la Garonne au Bec-d'Ambès un peu au-dessous de la ville improprement appelée Bourg-sur-Gironde. Un peu au-dessus de la ville de Libourne, elle commence à devenir sensible à la marée ; à Libourne, c'est un fleuve très-large et très-vaseux ; à Saint-André-de-Cubzac, elle a plus d'un demi-kilomètre de largeur, et plus d'un kilomètre à sa réunion avec la Garonne. Cette rivière est navigable à la descente depuis Saint-Projet jusqu'à la Garonne (372 kilomètres) ; à la descente et à la remonte depuis Souillac jusqu'à l'embouchure (248 kilomètres). Les bâtiments à quille remontent jusqu'à Saint-Jean-de-Blagnac, entre Li-

Périgueux, d'après une photographie de M. J. Robuchon.

bourne et Castillon. Enfin la navigation maritime a 43 kilomètres de longueur.

Ses principaux affluents sont : la Vézère, qui a la plus grande partie de son cours dans la Corrèze, et l'importante rivière de l'Isle, grossie de l'Auvezère et de la Dronne.

Dans le département, elle reçoit en outre : la NEA, qui naît près de Carlucet, commune de Saint-Crépin, et dont l'embouchure est à Carsac.

La CUZE ou CUGE, qui vient de Sarlat et qui se jette dans la Dordogne à Vitrac.

Le CÉOU, rivière aux eaux bleues et pures, qui descend de Montfaucon (Lot), et qui, dans la Dordogne, reçoit la fontaine de *Bouzic*, passe à Daglan, s'accroît de la *Lausse* à Saint-Cybranet, et se réunit à la Dordogne à Castelnau. Cours, 65 kilomètres.

La **Vézère,** affluent de droite, a bien près de 200 kilomètres de longueur. Née sur le plateau de Millevaches (Corrèze), au pied de montagnes dont la plus haute, le Mont-Besson, a 984 mètres, elle a déjà les dimensions d'une rivière à quelques kilomètres de sa source, au-dessus de Bugeat. Comprimée entre les Monédières, elle forme, dans un passage étroit, le *Saut de la Virolle*, l'une de nos cascades les plus remarquables. A 6 kilomètres plus bas, la Vézère coule dans la pittoresque vallée de Treignac, chef-lieu de canton, puis, se dirigeant vers le sud-ouest, va contourner la curieuse ville d'Uzerche. Elle descend ensuite vers le sud, passe à Vigeois, dans la gorge du Saillant, où elle forme une espèce de rapide sur les roches de gneiss et de micaschiste. Sensiblement augmentée par le tribut de la Corrèze à 6 ou 7 kilomètres à l'ouest de Brive, elle passe près de Larche, sépare quelque temps le département de la Corrèze de celui de la Dordogne, où elle entre enfin, et arrose Terrasson, Condat, Montignac, les Eyzies, le Bugue, et se perd à Limeuil, dans la Dordogne, par un peu moins de 50 mètres d'altitude. Elle augmente notablement cette rivière ; et, comme ses eaux sont rougeâtres, ainsi que la plupart de celles qui sortent du Limousin, elles teignent la Dordogne en rouge à la suite de grandes pluies. Peu de rivières arrosent, comme la Vézère, de leur source à leur embouchure, une vallée aussi constamment pittoresque. Elle roule, même en été, une masse d'eau assez considérable, car elle est alimentée par les innombrables sources de la montagne (12 mètres cubes par seconde en temps ordinaire, et 3 à l'étiage); cependant elle est plutôt censée navigable qu'elle ne l'est réellement à partir de Terrasson, sur une longueur de 65 kilomètres. Ses affluents sont, dans le département : l'*Ellé*, qui descend des collines d'Ayen (Corrèze) et débouche près de la rivière de Mansac; le *Cern*, qui passe au pied de la colline de la Bachellerie et se jette dans la Vézère en face de Condat; le *Coly*, qui sort de la magnifique fontaine de la Doux et a également son embouchure à Condat; la *Beüne*, qui atteint la Vézère au pied des superbes rochers des Eyzies; la *Doux*, petite rivière qui jaillit d'une belle source tout près du Bugue et fait mouvoir plusieurs usines.

La Rége, qui descend de Pézuls, passe à Trémolat et débouche dans la Dordogne au moulin d'Aval. Ses eaux, fortement agitées, laissent échapper des gaz inflammables.

La Couze, affluent de gauche, pure et abondante rivière, naît entre Bouillac et Fongalop, et fait mouvoir de nombreuses usines. Son cours est de 52 kilomètres.

La Conne, affluent de gauche, a sa source au sud de Monmadalès.

Le Caudau ou Caudeau, affluent de droite, naît au nord de Saint-Alvère, baigne Cleramont, Lamonzie-Montastruc, passe non loin de Lembras, reçoit la *Louyre*, qui vient de Saint-Alvère, et le *Mermélou*. Un canal alimenté par ses eaux fait mouvoir de nombreuses usines à Bergerac. Il se jette dans la Dordogne par deux bras à Bergerac même, et par un autre bras près du barrage de Bergerac. Cours, 42 kilomètres.

L'Eyraud, affluent de droite, a peu d'importance; il débouche en face de Gardonne.

La Gardonnette, affluent de gauche, naît dans les collines

de Ribagnac et Bouniagues, reçoit un ruisseau qui se perd un instant sous terre dans une fort belle grotte, arrose une charmante vallée et a son embouchure près de Gardonne. Cours, 24 kilomètres.

L'Estrop, affluent de droite, passe au pied du coteau de Vélines.

La Lidoire, affluent de droite, a sa source dans les bois de Bosset, arrose Fraisse, Saint-Rémy, et tombe dans la Dordogne, au-dessus de Castillon. Cours, 45 kilomètres.

L'Isle, grand tributaire de droite, naît dans le canton de Néxon (Haute-Vienne), dans des montagnes de 400 à 500 mètres d'altitude, entre dans le département et y baigne diverses villes, dont les plus notables sont : Jumilhac-le-Grand, Savignac-les-Églises, Périgueux, Saint-Astier, Neuvic, Mussidan, Montpont et Menesplet. Il entre, au-dessous du Pizou, dans le département de la Gironde, et, augmenté de la Dronne, se perd dans la Dordogne à Libourne, après un cours de 235 kilomètres. L'Isle est naturellement navigable jusqu'au confluent de la Dronne, où cesse de se faire sentir la marée, au pied des écluses de la grande minoterie de Laubardemont. La navigation artificielle remonte jusqu'à Périgueux, en tout 145 kilomètres. Tirant d'eau à l'étiage, 1 m. 05 c. Charge habituelle, 40 tonnes. La pente totale est de 79 mètres, rachetée par 59 écluses. — Ses affluents depuis son entrée dans le département sont : la *Valouze*, affluent de droite, qui passe à Saint-Pierre et Sainte-Marie-de-Frugie et fait mouvoir des forges; la *Glane*, affluent de droite, magnifique source alimentée par les eaux qui s'engouffrent dans les plateaux voisins de Négrondes : après un cours de quelques centaines de mètres, elle se jette dans l'Isle, qu'elle double en été; — la *Loue*, affluent de gauche, qui vient de la Haute-Vienne, où elle baigne Saint-Yrieix. Dans la Dordogne, elle arrose Sarlande, Excideuil, Saint-Pantaly, Coulaures, et tombe dans l'Isle au-dessous du Pont-du-Vet, après avoir mis en mouvement un grand nombre de moulins et d'usines. Cours, 60 kilomètres ; le *Gour-Saint-Vincent*, affluent de gauche, source

Bergerac.

très-importante, alimentée par les eaux de l'Auvezère, qui s'engouffrent à 4 kilomètres de là, à Cubjac, au moulin du Souci ; l'AUVEZÈRE, appelée aussi, mais à tort, HAUTE-VÉZÈRE, affluent de gauche : elle naît sur les limites de la Haute-Vienne et de la Corrèze, près de Masseret. Dans le département de la Dordogne, elle baigne Payzac, Savignac, Saint-Memin, traverse les belles gorges de Génis, passe à Cherveix, à Tourtoirac, à Saint-Pantaly-d'Ans, à la Boissière-d'Ans, à Cubjac, où la moitié de ses eaux s'engouffre sous les meules du moulin de Souci pour aller former près de l'Isle la source du Gour de Saint-Vincent; elle tombe enfin dans l'Isle à 10 kilom. au-dessus de Périgueux. L'Auvezère reçoit sur sa rive droite la *Boucheuse*, cours d'eau qui appartient presque entièrement au département de la Haute-Vienne, et sur la rive gauche, le *Dalon*, la *Lourde*, qui passe à Hautefort; la fontaine de *Crézen*, et enfin le *Blame*, qui naît de jolies sources près de Brouchaud, et reçoit, quand il coule, le ruisseau vomi par le puits de *Bontemps*. Le cours de l'Auvezère est de 90 à 100 kilomètres; — le *Manoir*, affluent de gauche de l'Isle, prend sa source dans le canton de Thenon, baigne Fossemagne, prête sa vallée au chemin de fer de Périgueux à Brive, arrose Saint-Pierre-de-Chignac, Niversac, et, après s'être engouffré plusieurs fois dans des prairies marécageuses, se jette dans l'Isle près de Périgueux; — la belle source du *Toulon* qui jaillit près de Périgueux a son embouchure dans la banlieue de cette ville, à laquelle elle fournit des eaux potables; son débit est de 300 litres par seconde à l'étiage; — la *Beauronne*, affluent de droite, qui naît près de Negrondes, longe le chemin de fer de Limoges à Périgueux, arrose Agonac, Château-l'Évêque, Chancelade, et tombe dans l'Isle non loin de Périgueux; — le *Vern* ou *Vergt* (25 kilomètres), affluent de gauche, sort des collines de la Cropte ou Lacropte, baigne le Salon et Vergt, se perd sous terre au pont Ramieux, reparaît près de Bordas, et se jette dans l'Isle près de Neuvic, presque en face du Salembre; — la *Beauronne*, affluent de droite, qui naît dans les bois de la Double et baigne

Saint-Vincent-de-Connesac; — le ruisseau de la *Cascade de Sourzac*, tributaire de gauche; — la *Crempse*, affluent de gauche, qui fait mouvoir un grand nombre de forges et tombe dans l'Isle à Mussidan ; — la *Duche*, tributaire de droite, alimentée par les étangs de la Double.

La DRONNE, le plus important des affluents de l'Isle, lui apporte à Coutras un volume d'eau égal au sien, du moins en été. — Cette rivière, célèbre dans le Périgord et l'Angoumois par le charme de ses rives et l'extrème limpidité de ses eaux, descend de montagnes de 550 mètres d'altitude situées dans le canton de Chalus (Haute-Vienne). Elle entre dans la Dordogne à Firbeix, forme la cascade du Chalard, près de Saint-Saud, baigne Saint-Pardoux-la-Rivière, Saint-Front, Quinsac, Champagnac-de-Belair, Brantôme, Valeuil, Bourdeilles, l'Isle, Saint-Apre, passe près de Villetoureix et de Ribérac, sépare le département de ceux de la Charente (où elle passe au pied de la curieuse Aubeterre) et de la Charente-Inférieure, et arrose encore Sainte-Aulaye, Parcoul et la Roche-Chalais. Elle se jette dans l'Isle à 1,500 mètres au-dessous de Coutras, à la Fourchée, tout près de Laubardemont. La Dronne est navigable des moulins de Coutras, où remonte la marée, jusqu'à la Fourchée. Cours, 178 kilomètres.

Les affluents de la Dronne sont : la *Colle*, rive gauche, qui naît au sud de Firbeix, passe à Saint-Jory-de-Chalais, à Saint-Jean-de-Colle, Saint-Pierre-de-Colle, la Chapelle-Faucher, reçoit le *Colis*, la *Queue-d'Ane*, le *Trincou*, et tombe dans la Dronne, à 4 kilomètres en amont de Brantôme. Cours, 50 kilomètres; — la *Source de Fontas*, rive droite : c'est une source extrêmement abondante, une vraie rivière, qui naît à 100 mètres environ du point où elle renforce considérablement la Dronne, un peu en aval de Bourdeilles; — le *Boulou*, rive droite, qui, grossi de la *Belaygues*, tombe dans la Dronne, près du Puy-de-Fontas; — le *Bouillidou*, rive droite, belle source qui jaillit avec force derrière l'église de Creyssac, et 400 mètres plus loin atteint la Dronne. Cette fontaine a quelque ressemblance avec le fameux « Bouillon » du Loiret; — l'*Euche*, rive droite, au-dessus de l'Isle ; — la *Douzelle* et la *Source de l'Isle*, rive gauche, à l'Isle ; — le *Riberaguais*, ou ruisseau de Ribérac ; — la Nizonne ou Lizonne, le plus important des affluents de la Dronne, rive droite ; cette rivière aux eaux de cristal passe à la Roche-Beaucourt et reçoit une foule de cours d'eau, entre autres la *Belle*, qui coule devant Mareuil, la *Pude*, la *Chavaronne*, la *Souvanie*, et tombe dans la Dronne au pied du Puy-Beaumont, après un cours de 62 kilomètres ; — la *Chalaure*, ruisseau de Double, qui sert de limite entre la Dordogne et la Gironde.

Il existe trois autres cours d'eau assez importants qui n'appartiennent pas au bassin de la Dordogne et n'occupent qu'une faible partie du département ; ce sont le *Dropt*, la *Tardoire* et le *Bandiat*.

Le Dropt appartient au bassin de la Garonne ; après avoir pris naissance dans le département de la Dordogne, à Capdropt, cette rivière en sort au-dessous de Montpazier pour entrer dans celui du Lot-et-Garonne ; elle rentre ensuite dans la Dordogne, pour y baigner la ravissante vallée d'Eymet, chef-lieu de canton, et repasser de nouveau dans le Lot-et-Garonne sans avoir reçu d'affluent notable : aussi roule-t-elle, en moyenne, peu d'eau ; cette eau est vaseuse et, grâce aux retenues d'écluses, presque toujours dormante.

Le Dropt parcourt une vallée fertile. Canalisé d'Eymet à son embouchure (63,690 mètres), le tirant d'eau normal est de 1 mètre, et la charge moyenne de 15 tonnes. Cours, 128 kilomètres.

Nous avons dit que le département de la Dordogne envoie aussi des eaux au Lot, grand affluent de la Garonne ; ces eaux, il les expédie par la *Lémance* ou *Allemance*, ruisseau assez abondant qui passe à Villefranche-de-Belvès et gagne le Lot à Libos (Lot-et-Garonne). Avec la Tardoire, nous quittons le bassin de la Gironde pour celui de la Charente. Cette rivière naît dans la Haute-Vienne ; pendant quelques kilomètres elle sert de limite à la partie la plus septentrionale du département de la Dordogne, et, après avoir reçu le *Trieux* augmenté du

Nauzon, cours d'eau qui traversent de l'est à l'ouest le canton
de Bussière-Badil, elle disparaît au-dessus et au-dessous de la
Rochefoucauld, dans les fissures et les gouffres creusés dans le
calcaire. Ces pertes et celles du Bandiat (voy. ci-dessous) forment à 7 kilomètres 1/2 d'Angoulême les magnifiques sources
de la Touvre, une large et belle rivière qui se jette dans la
Charente à 2 kilomètres au-dessus d'Angoulême. Quand les
pluies sont abondantes et de longue durée, la Tardoire n'est pas
entièrement absorbée par les gouffres; alors elle se poursuit
jusqu'à la Charente. Son cours est de 100 kilomètres; — le
Bandiat est un affluent important de la Tardoire à la suite de
longues pluies, mais en temps ordinaire il ne l'atteint pas plus
que celle-ci n'atteint la Charente. Il prend sa source dans la
Haute-Vienne, au-dessus de la Chapelle-Montbrandeix (canton
de Saint-Mathieu), entre dans le département, baigne Nontron
et Javerlhac et se perd dans les divers gouffres du Gros-Terme,
du Pont-de-Pranzac, de Chez-Robi, de Gouffry, du Trou-de-
Champnier, et enfin de la Caillère, où ce qui reste de ses
eaux disparaît pour aller rejoindre, sous terre, celles de la Tardoire et alimenter avec elles les sources de la Touvre.

IV. — Climat.

Le département de la Dordogne, situé sous le 45e degré de
latitude, c'est-à-dire à égale distance du pôle et de l'Équa-
teur, en d'autres termes, dans la zone éminemment tempérée,
appartient au climat girondin ou du sud-ouest. Ce climat est
l'un des sept entre lesquels on a l'habitude de partager la
France. Il est généralement sain, si ce n'est dans la Double,
quoique chargé quelquefois d'humidité. La température y est
douce et agréable; mais elle varie en raison de la configura-
tion du sol; ainsi elle est plus froide dans les pays montueux
ou découverts que dans les vallées basses et les parties couvertes
de bois, plus froide sur les granits du Nontronais que sur les
craies et les calcaires.

En moyenne, la température la plus élevée est de 27 à 32

degrés centigrades, et la température la plus basse de 10 à 14 degrés au-dessous de zéro. — L'hiver et le printemps sont très-pluvieux ; l'été est fort sec ; l'automne est la plus belle saison. La température moyenne de l'hiver est légèrement plus élevée que celle de Paris, qui est de 3 degrés au-dessus de zéro. Il tombe rarement de la neige et jamais en abondance. Les vents dominants sont ceux du nord et surtout ceux de l'ouest ; ces derniers, qui viennent du golfe de Gascogne, règnent presque habituellement pendant cinq mois de l'année. C'est à tort qu'on leur a attribué les fièvres endémiques qui sévissent dans une partie de ce département.

Si la pluie tombée dans l'année restait sur le sol sans filtrer sous terre, et sans s'évaporer dans l'air, on aurait à la fin des douze mois, à Périgueux, Ribérac, Bergerac, 50 centimètres d'eau, et 80 centimètres vers Sarlat et Nontron. C'est moins que la moyenne de la France, qui est de 77 centimètres.

V. — Curiosités naturelles.

Bien que les collines qui couvrent en entier le département de la Dordogne ne soient pas élevées, cette région de la France n'en est pas moins très-pittoresque, et assez riche en curiosités naturelles. On y rencontre des sources abondantes, dont quelques-unes donnent naissance à de véritables rivières ; les plus remarquables sont, dans le bassin de la Vézère : la Doux de la Cassagne, qui alimente le Coly, et la Doux du Bugue ; dans le bassin de l'Isle : la source de la Glane, à quelques kilomètres en aval de Savignac-les-Églises ; celles du Toulon à Périgueux, celle du Gour de Saint-Vincent, alimenté par une perte de l'Auvezère au moulin du Souci, la fontaine de l'Abîme ou du Moulinot près de Razac, au pied même d'un talus du chemin de fer de Périgueux à Coutras ; celles de Sourzac : cette dernière s'échappe d'une grotte, et forme une petite rivière qui, après s'être précipitée d'une hauteur de 12 mètres, va se jeter dans l'Isle ; enfin, dans le bassin de la Dronne, celle du Puy-de-Fontas, à 1,500 mètres de Bourdeilles ; celle du

Bouillidou de Creyssac, et, dans le bassin de la Lizonne, de nombreuses fontaines fort pures et fort abondantes. Il est d'autres sources qui, pour être moins importantes, n'en sont pas moins remarquables. Nous ne citerons que le ruisseau de la Rége, qui laisse échapper des gaz inflammables ; la fontaine

Château et rochers de Bourdeilles, d'après une photographie de M. J. Robuchon.

incrustante de Saint-Astier, la fontaine intermittente de Marsac ; les sources minérales de la Bachellerie, du Panassou, de Bandicalet, de l'Isle et de Fontaine-Cordelière. — Un beau spectacle est celui qu'offre la Dordogne à Lalinde, où elle forme les rapides auxquels on a donné les noms de *Saut de la Gratusse*, du *Grand-Toret* et des *Porcherons*. N'oublions

pas de parler des nombreuses grottes que renferme ce département et que l'on rencontre quelquefois en grand nombre
dans les vallées où coulent les rivières. Celles qui offrent le
plus d'intérêt sont les fameuses grottes des Eyzies, au-dessus
du confluent de la Vézère et de la Beüne : des savants s'en sont
beaucoup occupés et s'en occupent encore à cause des ossements
et des divers débris de l'industrie « préhistorique » qu'on y a
découverts et qui abondent non-seulement sur ce point, mais
encore dans toute la vallée de la Vézère ; celles du Moulin-
Grenier, ou Chambre-Noire, de Saint-Laurent-sur-Manoir, de
Gouts-Rossignols ; de Saint-Capraise-d'Eymet, de Lamonzie-
Montastruc (belles stalactites) ; celles du Moustier, qui renfer-
ment des ossements ; d'Azerat, profonde d'au moins 200 mètres ; celle d'Ajat, où s'éteignent les flambeaux ; et enfin, la
plus grande de toutes, une des plus remarquables de France,
la grotte de Miremont, vulgairement désignée dans le pays
sous le nom du *Trou de Granville*. Elle se compose d'un grand
nombre de vastes salles et de couloirs remplis d'admirables
stalactites. La Grande-Branche mesure 1,067 mèt., et la totalité de ses ramifications offre un développement de 4,229
mètres.

Les paysages gracieux et pittoresques abondent dans les
vallées de la Dronne, de l'Isle, de la Dordogne, de la Vézère et
de l'Auvezère. Nous citerons seulement les roches et les talus
des rives de la Dordogne, vers Domme ; les beaux rochers qui
bordent, au Moustier, le cours de la Vézère ; les gorges du
Génis où court l'Auvezère ; enfin les rochers qui bordent ou
surplombent la Dronne un peu en amont de Bourdeilles.

VI. — Histoire.

Lorsque les Romains pénétrèrent dans cette partie de la
Gaule qui forme aujourd'hui le département de la Dordogne,
elle était occupée par les *Petrocorii*, tribu gauloise, dont le
nom, après les diverses modifications opérées dans le langage
par le temps, se retrouve dans le nom de Périgord, qui fut celui

de la province dont nous allons rapidement raconter l'histoire.

Sur la période historique qui a précédé l'époque à laquelle a eu lieu la conquête de la Gaule par les Romains, il existe peu de documents. On sait seulement que les habitants de ce pays, Celtes d'origine, pratiquaient la religion des druides, à laquelle ils étaient fortement attachés. La ville de *Vesunna* (Périgueux), à une époque antérieure à notre ère, était déjà une cité florissante. Les Phéniciens de Marseille y venaient échanger les marchandises du Levant. Cette province était soumise à Rome, depuis soixante-trois ans, lorsque César entra pour la première fois dans les Gaules.

Après la défaite de Vercingétorix, auquel les Pétrocoriens avaient envoyé un secours de 5,000 hommes, César chargea un de ses lieutenants de comprimer les élans patriotiques éveillés dans ce pays par la lutte glorieuse qui venait de finir. — Les Pétrocoriens prirent part à la révolte de Vindex qui, voulant renverser l'empereur Néron, avait offert l'empire à Galba (69). Cette révolte fut réprimée par Virginius Rufus.

Le Périgord était compris dans le territoire que le faible empereur Honorius céda aux barbares (Wisigoths), dont les hordes nombreuses avaient envahi le midi de la Gaule. Depuis cette époque, cette province partagea le sort du royaume des Wisigoths dont elle ne fut détachée que lorsque Clovis Ier, roi des Francs, eut vaincu Alaric à Vouillé en 507.

Avant que Clovis eût reçu le baptême, depuis un ou deux siècles déjà, le christianisme avait pénétré dans le Périgord. I. y avait, dit-on, été introduit par saint Front, un des disciples contemporains du Christ. Sur le tombeau de saint Front, un oratoire fut érigé au sixième siècle, puis, vers la fin du dixième siècle, une abbaye qui groupa bientôt autour d'elle une foule de maisons. Ainsi se forma le bourg du Puy-Saint-Front, le rival et bientôt l'égal en importance de la cité de Vésone (Périgueux), auprès de laquelle il s'était si rapidement élevé.

Le Périgord fut ensuite mêlé à toutes les vicissitudes qui agitèrent l'Aquitaine dans sa lutte contre les maires du palais. Il appartint successivement à Clotaire Ier, Gontran, Childebert II, Clotaire II et Dagobert Ier. En 630, il fut compris dans le traité qui fonda le royaume de Toulouse, où régnèrent les ducs d'Aquitaine.

Charlemagne, en se rendant en Espagne, traversa le comté du Périgord, où il fonda le prieuré de Trémolat, et donna le

Tour de Vésone.

gouvernement de cette province à Vidbode, dont les successeurs sont restés inconnus jusqu'à Wulgrin, qui fut le premier de ses comtes héréditaires, et auquel les populations qui admiraient son courage donnèrent le surnom de Taillefer, à cause de ses exploits heureux contre les Normands qui commençaient alors à ravager l'Aquitaine.

Abside de Saint-Front, à Périgueux, d'après une photographie de M. Baldus.

Par un mariage qui eut lieu en 970, le comté passa sous l'autorité de la maison de la Marche, qui avait alors pour chef Hélie Iᵉʳ, homme cruel, dont la fin fut misérable. Ce comte est le premier qui ait pris le nom de Talleyrand, illustré plus tard par quatre générations.

Son successeur Adalbert, conduit par son humeur guerroyante jusque sous les murs de Tours, à la poursuite du comte de Blois, s'y trouva face à face avec Hugues Capet. Ce prince, trop faible pour repousser l'agresseur, lui adressa cette demande : « Qui t'a fait comte? » Sans daigner lui répondre, Adalbert lui fit à son tour cette question : « Qui t'a fait roi ? » Le comte de Périgord était en effet souverain au même titre que le comte de Paris.

Les soixante-douze ans qui s'écoulèrent entre l'année 1158 et 1240, époque à laquelle allait s'ouvrir la période des guerres contre les Anglais, furent remplis par la rivalité qui éclata entre le bourg du Puy-Saint-Front et la cité de Périgueux, fomentée par le comte de Périgord d'une part et l'abbé de Saint-Front de l'autre, qui prétendaient exercer dans le bourg certains droits seigneuriaux. Mais enfin, en 1240, la cité libre s'unit à la ville également dégagée de toute obligation envers le comte, et toute lutte cessa.

Au douzième siècle, le mariage d'Éléonore d'Aquitaine avec Henri II Plantagenet donna le Périgord aux Anglais. Les comtes du Périgord s'associèrent alors à tous les efforts qui furent tentés pour arracher le sol français au joug de l'étranger.

Le pays fut occupé militairement; de nombreuses forteresses s'élevèrent; mais pendant cette longue et désastreuse période de guerre, qui dura depuis Louis le Jeune jusqu'à Charles VII, si trop souvent ces populations furent obligées de subir le joug de l'étranger, on peut dire à leur honneur qu'elles ne l'acceptèrent jamais.

La résistance que les principales villes du Périgord opposèrent aux Anglais fut toujours glorieuse et parfois triomphante. En 1356, trois fois Périgueux repoussa l'ennemi, qui ne parvint à s'établir dans la cité qu'à la faveur du traité de Brétigny (1360), signé par le roi Jean, le vaincu de Poitiers. Plus heureuse que Périgueux, la ville de Sarlat ne tomba point au pouvoir des Anglais ; elle consentit seulement, à la fin du quatorzième siècle, à leur octroyer le droit de commercer avec ses habitants.

Des diverses vicissitudes éprouvées par cette province, à cette époque néfaste, on peut se faire une juste idée en voyant, dans l'espace de deux siècles, combien de fois elle a changé de souverain. Le comté du Périgord revint à la France en 1224 ; il fut rendu à l'Angleterre en 1258, puis confisqué par Philippe le Bel en 1294 ; restitué de nouveau à l'Angleterre en 1303 ; conquis par Philippe de Valois, il fut cédé une troisième fois aux Anglais par le traité de Brétigny (1360) ; puis conquis par Charles V, roi de France ; remis sous l'autorité anglaise vers la fin du règne de Charles VI, et enfin définitivement acquis à la couronne en 1454. Ce comté, confisqué sur la tête d'Archambaud V (1391), avait été vendu à Jean de Bretagne, comte de Penthièvre et vicomte de Limoges ; plus tard Antoine de Bourbon le reçut en dot, et, par son fils Henri IV, il fut uni à la France.

L'ère des guerres désastreuses avec l'étranger venait à peine de se fermer qu'il allait s'en ouvrir une autre plus terrible, plus sanglante peut-être ; car l'influence qu'exerçait dans cette province la maison d'Albret y facilita étonnamment les progrès de la religion réformée qui commençait alors à se répandre en France.

Peu de provinces furent éprouvées d'une manière aussi cruelle. Périgueux était une place importante que chaque parti devait naturellement essayer d'emporter. La lutte fut aussi souvent concentrée dans cette malheureuse ville. Dévouée au parti du roi, elle fut surprise en 1575 par Langoiran et Vivans, chefs protestants, qui s'y établirent. Elle devint même une des places de sûreté des religionnaires, en vertu de l'édit de 1576 ; et ils la gardèrent jusqu'en 1581, époque à laquelle elle retomba au pouvoir des catholiques. La plupart des villes importantes de la province éprouvèrent les mêmes vicissitudes que la capitale. Bergerac, qui tout d'abord devint le boulevard du protestantisme, fut pris par les catholiques en 1562, mais ils en furent chassés un an plus tard. Cette malheureuse ville fut prise et reprise plusieurs fois encore, jusqu'à ce qu'enfin elle fut obligée de se rendre à Louis XIII qui en fit raser les fortifications, pour la punir de s'être associée au sort des ducs de Rohan et de la Force, chefs du parti protestant. Ribérac et Nontron n'échappèrent pas non plus au fléau de la guerre. La première, en 1568, servait de refuge aux débris des troupes des réformés qui, sous les ordres de Mouvans, avaient été battus par le duc de Montpensier, dans les environs de Mensignac. En 1584, le duc de Bouillon s'y établissait avec les religionnaires, et Nontron, qui de 1356 à 1406 avait soutenu plusieurs siéges contre les Anglais, était pris d'assaut par Coligny, à la tête des réformés français et des reîtres réunis, malgré l'énergique défense qui lui fut opposée, et mis à sac par le vainqueur. En 1592, les villes du Périgord, entre autres Périgueux, subirent l'influence de la Ligue ; mais à l'avénement de Henri IV toute velléité de rébellion disparut. Quand éclatèrent les troubles de la Fronde, alors que Sarlat chassait le prince de Condé qui était entré dans ses murs et y avait mis garnison, Périgueux se voyait imposer par le même prince une garnison commandée par le marquis de Chanlost, homme de talent, mais cruel. Le marquis de Chanlost conserva cette ville au prince de Condé, jusqu'au jour où Joseph Bodin, aidé de quelques citoyens intrépides, la remit sous l'autorité du roi. — Le marquis ayant appris qu'une conspiration s'était formée contre lui, se porta, à la tête de troupes nombreuses, vers la maison de Bodin, le chef des conjurés ; mais il ne s'était pas plus tôt imprudemment engagé, avec trente hommes, dans un corridor sombre et étroit, qu'il y fut reçu par Bodin et ses amis décidés à vendre chèrement leur vie. Dès le premier choc, Chanlost fut mortellement blessé, et ses soldats démoralisés eurent bientôt pris la fuite (16 sept. 1653).

Pendant le dix-septième siècle, la révocation de l'édit de Nantes, rendu par Henri IV en faveur des protestants, porta un rude coup à ce département où la réforme avait jeté de profondes racines. La ville de Bergerac surtout eut beaucoup à en souffrir. La population de cette ville riche et industrieuse fut en partie forcée de s'expatrier.

Ce département, pendant tout le cours du dix-huitième siècle, n'a été le théâtre d'aucun trouble, d'aucun événement qui mérite d'être signalé; et lorsque éclata la Révolution de 1789, à part quelques agitations inévitables, les représentants du peuple Romme et Lakanal surent maintenir, même dans les moments les plus critiques, l'ordre et la tranquillité.

Grâce à son éloignement de la frontière, ce département a toujours joui de la paix la plus parfaite. Il a pu, sans trouble, développer son agriculture, son commerce, son industrie; il n'a connu ni les désastres de l'invasion, ni les souffrances de l'occupation étrangère de 1814-1815 et de 1870-1871.

VII. — Personnages célèbres.

Douzième siècle. — BERTRAND DE BORN, né au château d'Hautefort, au douzième siècle, mort peu avant 1212, joua un rôle des plus actifs dans les guerres des fils de Henri II, roi d'Angleterre, contre leur père. Troubadour célèbre. — GIRAUD DE BORNEIL, troubadour, né à Excideuil.

Seizième siècle. — BIRON (Armand de GONTAUT, baron de), né en 1524, maréchal de France. Il contribua aux victoires d'Arques et d'Ivry, fut tué au siége d'Épernay en 1592. — BRANTÔME (Pierre de BOURDEILLES, abbé et seigneur de), né en 1527 à Bourdeilles, mort en 1614. Chroniqueur, auteur d'ouvrages remarquables. — LA BOETIE (Étienne de), né à Sarlat le 1er novembre 1530, mort à Germinian le 18 août 1563, doit sa célébrité à son discours sur *la Servitude volontaire*, imprimé pour la première fois en 1578. — MONTAIGNE (Michel Eyquem de), né au château de Montaigne le 28 février 1533, mort le 13 décembre 1592. Illustre auteur des *Essais;* moraliste, ami de *la Boetie.* — LA FORCE (Jacques Nompar de CAUMONT, duc de), né vers 1559, mort en 1652, échappa au massacre de la Saint-Barthélemy, devint un chef redoutable du parti protestant. Il fut un des compagnons les plus dévoués du roi Henri IV. — Biron (Charles de Gontaut, duc de), né en 1562, amiral, maréchal. Il conspira contre la France ; pardonné une fois par Henri IV, qui l'aimait beau-coup, il reprit le cours de ses intrigues, fut découvert, condamné et décapité à la Bastille le 21 juillet 1602.

Dix-septième siècle. — La Calprenède (Gautier de Costes de), né vers 1610 au château de Toulgou, près de Sarlat, mort en 1663. Poëte dramatique, romancier. — Bergerac (Nicolas-Salvin Cyrano de), né vers 1620 au château de Bergerac, mort en 1655. Prosateur et poëte. — Fénelon (François de Salignac de Lamotte), né au château de Fénelon le 6 août 1651, archevêque de Cambrai. Écrivain de grand mérite, précepteur du duc de Bourgogne. — La Grange (Joseph de), poëte dramatique de deuxième ordre, connu sous le nom de Lagrange-Chancel, né à Périgueux en 1676, mort en 1758.

Dix-huitième siècle. — Beaumont (Christophe de), né au château de la Roque en 1703, mort en 1781. Archevêque de Paris. — Pavillon (chevalier Ducheyron), marin distingué, né à Périgueux le 29 septembre 1730, tué le 12 avril 1782 à Saint-Domingue. — Lacoste (Élie), né à Montagnac où il est mort en 1803. Conventionnel. — Maleville (Jacques, marquis de), né en 1741 à Domme, y mourut le 21 novembre 1824. Président de la Cour de cassation, sénateur, comte et pair. — Morand (Joseph), baron de l'Empire, général de division, né le 18 juillet 1757 à Mussidan, tué devant Lunebourg le 2 avril 1813. — Beaupuy (Armand-Michel, Bachelier de), général de division, tué à Emandinghen le 19 octobre 1796. — Maine de Biran (François-Pierre-Gonthier), né à Bergerac le 19 novembre 1766, mort à Paris le 16 juillet 1824 ; philosophe, le plus grand métaphysicien qui ait honoré la France depuis Malebranche. — Daumesnil (Pierre), né le 14 juillet 1776 à Périgueux ; général, si justement populaire, sous le nom de *la Jambe de bois*, pour sa belle défense du château de Vincennes contre les alliés en 1814-1815, qui ne voulut *ni se vendre, ni se rendre.* — Lachambaudie (Pierre), né à Sarlat en 1806 ; fa-

Château de Fénelon.

buliste et poëte distingué. — FÉLIX DE VERNEILH, archéolo-
gûe, né en 1820 au château de Puyrazeau, près Piégut, mort
en 1864.

VIII. — Population, langue, culte, instruction publique.

La *population* de la Dordogne s'élève, d'après le recensement de 1872, à 480,141 habitants (240,270 du sexe mas-
culin, 259,871 du sexe féminin). A ce point de vue, c'est le
vingt-troisième département. Le chiffre des habitants, divisé
par celui des hectares, donne environ 51 habitants par 100 hectares ou par kilomètre carré ; c'est ce qu'on appelle la population spécifique. La France entière ayant 68 à 69 habitants
par kilomètre carré, il en résulte que la Dordogne, à surface
égale, possède dix-sept à dix-huit habitants de moins que l'en-
semble de notre pays.

Depuis 1801, date du premier recensement officiel, jusqu'à
1866, la Dordogne avait gagné 93,198 habitants ; mais elle
en a perdu 22,532 depuis cette époque.

La population des villes parle en général le français, mais
avec l'accent provincial. Les ouvriers et les paysans emploient
un idiome dérivé de la langue romane. Le dialecte roman, vif
et coloré dans le département de Lot-et-Garonne, devient mo-
notone et traînant au fond des vallées et sur les plateaux du
Périgord. Le *z* français se change en *ch;* presque toutes les
terminaisons prennent l'*a*, à Bergerac elles finissent en *o*, et
dans le Sarladais en *ou*, et des inflexions lentes, descendant
la moitié de la gamme, y remplacent la phrase brusque et rapide de l'Agenais.

La grande majorité des habitants de la Dordogne est catho-
lique ; en 1866, on y comptait cependant 5,954 protestants.

Le nombre des *naissances* a été, en 1865, de 13,365 (dont
406 mort-nés) ; celui des *décès*, de 11,672 ; celui des *ma-
riages*, de 4,211.

La *vie moyenne* est de 37 ans 10 mois.

Le lycée de Périgueux et les collèges communaux de Berge-

rac et de Sarlat ont compté, en 1875-1876, 520 élèves; les
deux *petits séminaires* de Bergerac et de Sarlat, 507 ; les dix
institutions libres, 779 ; les écoles normales, 81 , et les 1,020
écoles primaires, 55,239.

Ne sachant ni lire ni écrire	65,400
Sachant lire seulement	20,535
Sachant lire et écrire	304,268
Dont on n'a pu vérifier l'instruction	2,211
Total de la population civile	390,803

Accusés ne sachant ni lire ni écrire	20
— sachant lire ou écrire imparfaitement . .	16
— sachant bien lire et bien écrire	14
— ayant reçu une instruction supérieure . .	4
	54

IX. — Divisions administratives.

Le département de la Dordogne forme le diocèse de Périgueux (suffragant de Bordeaux); une des subdivisions de la
21e division territoriale (Limoges), et la 48e brigade de la
24e division du 12e corps d'armée. — Il ressortit à la cour
d'appel de Bordeaux, — à l'académie de Bordeaux , — à la
17e légion de gendarmerie, — à la 11e inspection des ponts
et chaussées, à la 29e conservation des forêts (Bordeaux), à
l'arrondissement minéralogique de Périgueux (division du
Centre), — à la 7e région agricole du Sud-Ouest. — Il comprend cinq arrondissements (Périgueux, Bergerac, Nontron,
Ribérac et Sarlat).

Chef-lieu du département : Périgueux.

Chefs-lieux d'arrondissement : Bergerac, Nontron, Périgueux, Ribérac et Sarlat.

Arrondissement de Bergerac (15 cant.; 172 com.; 114,581 hab.;
225,600 hect.).

Canton de Saint-Alvère (8 com.; 6,193 hab.; 12,646 hect.). — Alvère

(Saint-) — Foy-de-Longas (Sainte-) — Grand-Castang — Laurent-des-Bâtons (Saint-) — Limeuil — Paunat — Pézuls — Trémolat.

Canton de Beaumont (13 com.; 8,233 hab.; 11,299 hect.). — Avit-Sénieur (Saint-) — Bayac — Beaumont — Born-de-Champs — Bourniquel — Croix (Sainte-) — Labouquerie — Montferrand — Monsac — Naussannes — Nojals-et-Clottes — Rampieux — Sabine (Sainte-).

Canton de Bergerac (11 com.; 17,918 hab.; 17,008 hect.). — Bergerac — Cours-de-Pile — Creysse — Germain-et-Mons (Saint-) — Lamonzie-Montastruc — Laurent-des-Vignes (Saint-) — Lembras — Mouleydier — Nexans (Saint-) — Queyssac — Sauveur (Saint-).

Canton de Cadouin (11 com.; 6,205 hab.; 12,364 hect.). — Ales — Badefols — Bouillac — Cabans — Calès — Cadouin — Cussac — Molières —.Paleyrat — Pontours — Urval.

Canton d'Eymet (14 com.; 6,273 hab.; 11,471 hect.). — Aubin-de-Cadelech ou d'Eymet (Saint-) — Capraise-d'Eymet (Saint-) — Cogulot — Eulalie (Sainte-) — Eymet — Fonroque — Innocence (Sainte-) — Julien-d'Eymet (Saint-) — Razac - d'Eymet — Rouquette — Sadillac — Serres-et-Montguyard — Singleyrac — Sulpice-d'Eymet (Saint-).

Canton d'Issigeac (20 com.; 8,112 hab.; 16,558 hect.). — Aubin-de-Lanquais (Saint-) — Bardou — Boisse — Bouniagues — Cernin-de-la-Barde (Saint-) — Colombier — Conne-de-la-Barde — Eyrenville — Falgueyrat — Faurilles — Faux — Issigeac — Léon (Saint-) — Mandacou — Monmadalès — Monmarvès — Monsaguel — .Montaut — Perdoux (Saint-) — Radegonde (Sainte-).

Canton de Force (*La*) (12 com.; 9,034 hab.; 22,491 hect.). — Bosset — Fleix(Le) — Force (La) — Fraisse — Georges-Blancaneix (Saint-) — Géry (Saint-) — Ginestet — Lèches (Les) — Lunas — Montfaucon — Pierre-d'Eyraud (Saint-) — Prigonrieux.

Canton de Lalinde (15 com.; 8,421 hab.; 16,129 hect.).—Aigne (Saint-) — Baneuil — Capraise-de-Lalinde (Saint-) — Cause-de-Clérans — Couze-et-Saint-Front — Félix (Saint-) — Lalinde — Lanquais — Liorac — Marcel (Saint-) — Mauzac-et-St-Meyme-de-Rozens — Pressignac — Varennes — Verdon — Vicq.

Canton de Montpazier (13 com.; 5,458 hab.; 14,087 hect.). — Avit-Rivière (Saint-) — Biron — Capdrot — Cassien (Saint-) — Gaujac — Lolme — Marcory (Saint-) — Marsalès — Montpazier — Romain (Saint-) — Soulaures — Valade (La) — Vergt-de-Biron.

Canton de Sigoulès (17 com.; 9,789 hab.; 18,095 hect.). — Cunèges — Flaugeac — Gageac-et-Rouillac — Gardonne — Lamonzie-Saint-Martin — Mescoules — Monbazillac — Monbos — Monestier — Pomport — Puyguilhem — Razac-de-Saussignac — Ribagnac — Rouffignac — Saussignac — Sigoulès-et-Lestignac — Thenac.

Canton de Vélines (13 com.; 8,965 hab.; 11,840 hect.). — Antoine-de-Breuil (Saint-) — Bonneville-et-Saint-Avit — Fougueyrolles — Michel-Bonnefare (Saint-) — Montazeau — Montcarret — Mothe-Montravel (La) — Nastringues — Ponchat — Port-Sainte-Foy — Seurin-de-Prats (Saint-) — Vélines — Vivien (Saint-).

Canton de Villamblard (17 com.; 10,724 hab.; 24,966 hect.). — Beau-regard-et-Brassac — Beleymas — Campsegret — Clermont-de-Beauregard — Douville — Église-Neuve-d'Issac — Georges-de-Monclar (Saint-) — Hilaire-d'Estissac (Saint-) — Issac — Jean-d'Estissac (Saint-) — Jean-d'Eyraud (Saint-) — Julien-de-Crempse (Saint-) — Veyssière (La) — Martin-des-Combes (Saint-) — Maurens — Montagnac-la-Crempse — Villamblard.

Canton de Villefranche-de-Longchapt (8 com.; 6,126 hab.; 17,214 hect.). — Carsac-de-Villefranche — Géraud-de-Corps (Saint-) — Martin-de-Gurçon (Saint-) — Méard-de-Gurçon (Saint-) — Minzac — Montpeyroux — Remy (Saint-) — Villefranche-de-Longchapt.

Arrondissement de Nontron (8 cant.; 80 com.; 78,434 h.; 165,257 hect).

Canton de Bussière-Badil (8 com.; 8,511 hab.; 13,925 hect.). — Barthélemy (Saint-) — Busserolles — Bussière-Badil — Étouars — Piégut-Pluviers — Reillac-et-Champniers — Soudat — Varaignes.

Canton de Champagnac-de-Belair (10 com.; 7,021 hab.; 15,771 hect.). — Boulouneix — Cantillac — Champagnac-de-Belair — Chapelle-Faucher (La) — Chapelle-Montmoreau (La) — Condat — Pancrace (Saint-) — Quinsac — Seau-Saint-Angel — Villars.

Canton de Jumilhac-le-Grand (7 com.; 8,552 hab.; 22,021 hect.). — Chalais — Coquille (La) — Jory-de-Chalais (Saint-) — Jumilhac-le-Grand — Paul-la-Roche (Saint-) Pierre-de-Frugie (Saint-) — Priest-les-Fougères (Saint-).

Canton de Lanouaille (10 com.; 12,065 hab.; 29,466 hect.). — Angoisse — Cyr-les-Champagnes (Saint-) — Dussac — Lanouaille — Nanthiat — Payzac — Sarlande — Sarrazac — Savignac-Ledrier — Sulpice-d'Excideuil (Saint-).

Canton de Mareuil (14 com.; 8,700 hab.; 22,401 hect.). — Beaussac — Champeau-et-la-Chapelle — Crépin (Saint-) — Croix (Sainte-) — Félix (Saint-) — Graulges (Les) — Ladosse — Léguillac-de-Cercles — Mareuil-sur-Belle — Monsec — Puyrenier — Roche-Beaucourt (La) — Sulpice-de-Mareuil (Saint-) — Vieux-Mareuil.

Canton de Nontron (14 com.; 13,617 hab.; 24,774 hect.). — Abjat-de-Nontron — Auginiac — Bourdeix (Le) — Connezac — Estèphe (Saint-) — Front-de-Champniers (Saint-) — Hautefaye — Javerlhac — Lussas-et-Nontronneau — Martial-de-Valette (Saint-) — Martin-le-Pin (Saint-) — Nontron — Savignac-de-Nontron — Teyjat.

Canton de Saint-Pardoux-la-Rivière (7 com.; 9.656 hab.; 21,813 hect.). — Firbeix — Front-la-Rivière (Saint-) — Mialet - Millac-de-Nontron — Romain — Pardoux-la-Rivière (Saint-) — Saud (Saint-).

Canton de Thiviers (10 com.; 10,672 hab.; 15,076 hect.). — Corgnac — Eyzerac — Jean-de-Côle (Saint-) — Lempzours — Martin-de-Fressengeas (Saint-) — Nanthenil — Pierre-de-Côle (Saint-) — Romain-et-Saint-Clément (Saint-) — Thiviers — Vaunac.

Arrondissement de Périgueux (9 cant.; 113 com.; 112,804 hab.; 180,907 hect.).

Canton d'Astier (*Saint-*) (12 com.; 12,194 hab.). — Annesse-et-Beaulieu — Astier (Saint-) — Chapelle-Gonaguet (La) — Coursac — Grignols — Jaure — Léguillac-de-l'Auche — Léon-sur-l'Isle (Saint-) — Manzac — Mensignac — Montrem — Razac-sur-l'Isle.

Canton de Brantôme (11 com.; 10,817 hab.; 23,572 hect.). — Agonac — Biras — Bourdeilles — Brantôme — Bussac — Eyvirat — Front-d'Alemps (Saint-) — Julien (Saint-) — Lisle — Sencenac-Puy-de-Fourches — Valeuil.

Canton d'Excideuil (14 com.; 10,669 hab.; 18,682 hect.). — Anlhiac — Clermont-d'Excideuil — Excideuil — Génis — Germain-des-Prés (Saint-) — Jory-Lasbloux (Saint-) — Martial-d'Albarède (Saint-) — Médard-d'Excideuil (Saint-) — Memin (Saint-) — Pantaly-d'Excideuil — Prayssac-d'Excideuil — Raphaël (Saint-) — Salagnac — Trie (Sainte-).

Canton d'Hautefort (13 com.; 9,966 hab.; 15,962 hect.). — Badefols-d'Ans — Boisseuil — Chapelle-Saint-Jean (La) — Cherveix — Chourgnac-d'Ans — Coubjours — Eulalie-d'Ans (Sainte-) — Granges-d'Ans — Hautefort-et-Lanouaillette — Naillac — Teillots — Temple-la-Guyon (Le) — Tourtoirac.

Canton de Périgueux (7 com.; 28,173 hab.; 10,595 hect.). — Champcevinel — Chancelade-et-Andrivau — Château-l'Évêque — Coulounieix — Marsac — Périgueux — Trélissac.

Canton de Pierre-de-Chignac (*Saint-*) (15 com.; 10,975 hab.; 26,313 hect.). — Antoine-d'Auberoche (Saint-) — Atur — Bassillac — Blis-et-Born — Boulazac — Crépin (Saint-) — Eyliac — Geyrac (Saint-) — Ladouze — Laurent-sur-Manoir (Saint-) — Marie-de-Chignac (Sainte-) — Marsaneix — Milhac-d'Auberoche — Pierre-de-Chignac (Saint-) — Sanilhac (N.-D.-de-).

Canton de Savignac-les-Églises (14 com.; 10,742 hab.; 25,078 hect.). — Antone-et-Trigonant — Change (Le) — Cornille — Coulaures — Cubjac — Escoire — Ligueux — Mayac — Negrondes — Pantaly-d'Ans (Saint-) — Sarliac — Savignac-les-Églises — Sorges — Vincent-d'Excideuil (Saint-).

Canton de Thenon (11 com.; 8,978 hab.; 19,496 hect.). — Ajat — Azerat — Bars — Boissière-d'Ans (La) — Brouchaud — Fossemagne — Gabillou — Limeyrat — Montagnac-d'Auberoche — Orse (Sainte-) — Thenon.

Canton de Vergt (16 com.; 10,290 hab.; 20,753 hect.). — Amand-de-Vergt (Saint-) — Bourrou — Breuilh — Cendrieux — Chalagnac — Creyssensac-et-Pissot — Cropte (La) — Église-Neuve — Fouleix — Grun — Maime-de-Péreyrol (Saint-) — Michel-de-Villadeix — Paul-de-Serre (Saint-) — Salon — Vergt — Veyrines.

Arrondissement de Ribérac (7 cant.; 84 com.; 68,708 hab.; 145,848 hect.).

Canton de Sainte-Aulaye (13 com.; 10,671 hab.; 29,246 hect.). — Aulaye (Sainte-) — Chenaud — Cumond — Festalemps — Lajemaye — Michel-l'Écluse-et-Léparon — Parcoul — Ponteyraud — Privat (Saint-) —

Puymangou — Roche-Chalais (La) — Servanches — Vincent-Jalmoutier (Saint-).

Canton de Montpont (9 com.; 8.885 hab.; 23,176 hect.). — Barthélemy (Saint-) — Échourgnac — Eygurande-et-Gardedeuil — Martial-d'Artenset — Menesplet — Menestérol-Montignac — Montpont — Pizou (Le) — Sauveur-la-Lande (Saint-).

Canton de Montagrier (10 com.; 8.722 hab.; 16,621 hect.). — Brassac — Celles — Chapdeuil-et-Saint-Just — Creyssac — Douchapt — Montagrier — Paussac-et-Saint-Vivien — Segonzac — Tocane-Saint-Apre — Victor (Saint-)

Canton de Mussidan (11 com.; 8,514 hab.; 14,120 hect.). — Beaupouyet — Bourgnac — Étienne-de-Puycorbier (Saint-) — Front-de-Pradoux (Saint-). — Laurent-des-Hommes (Saint-) — Louis (Saint-) — Martin-l'Astier (Saint-) — Médard (Saint-) — Michel-de-Double (Saint-) — Mussidan — Sourzac.

Canton de Neuvic (11 com.; 8,726 hab.; 19,288 hect.). — André-de-Double (Saint-) — Aquilin (Saint-) — Beauronne-et-Faye — Chantérac — Douzillac. — Germain-du-Salembre (Saint-) — Jean-d'Ataux (Saint-) — Neuvic — Séverin-d'Estissac (Saint-) — Vallereuil — Vincent-de-Connezac (Saint-).

Canton de Ribérac (13 com.; 12,079 hab.; 17,245 hect.). — Allemans — Bersac-le-Petit — Bourg-du-Bost — Chassaignes — Comberanche-Épeluche — Martin-de-Ribérac (Saint-) — Méard-de-Dronne (Saint-) — Pardoux-de-Dronne — Ribérac — Siorac — Sulpice-de-Roumagnac (Saint-) — Vanxains — Villetoureix.

Canton de Verteillac (17 com.; 11,111 hab.; 26,152 hect.). — Auriac-de-Bourzac — Bertric-et-Burée — Bourg-les-Maisons — Bouteilles-Saint-Sébastien — Cercles-et-la-Chapelle-Montabourlet — Champagne-et-Fontaine — Chapelle-Grésignac (La) — Cherval — Coutures — Gouts-Rossignols — Lusignac — Martial-de-Viveyrol (Saint-) — Nanteuil-de-Bourzac — Paul-Lizonne (Saint-) — Tour-Blanche (La) — Vendoire — Verteillac.

Arrondissement de Sarlat (10 cant.; 133 com.; 108,814 hab.; 182,490 hect.).

Canton de Belvès (15 com.; 8,648 hab.; 13,923 hect.). — Amand-de-Belvès (Saint-) — Belvès — Carves — Cladech — Doissac — Fongalop - Foy-de-Belvès (Sainte-) — Germain (Saint-) — Grives — Larzac — Monplaisant — Pardoux-et-Vielvic (Saint-) — Sagelat — Salles-de-Belvès — Siorac-de-Belvès.

Canton du Bugue (11 com.; 8,563 hab.; 17,742 hect.). — Avit-de-Vialard (Saint-) — Bugue (Le) — Campagne — Cernin-de-Reillac (Saint-) — Cirq (Saint-) — Félix-de-Reillac (Saint-) — Fleurac — Journiac — Manaurie — Mauzens-et-Miremont — Savignac.

Canton de Carlux (12 com.; 7,027 hab.; 11,993 hect.). — Aillac — Calviat — Carlux — Carsac-de-Carlux — Cazoulès — Julien-de-Lampon (Saint-) — Mondane (Sainte-) — Orliaguet — Peyrillac-et-Millac — Prats-de-Carlux — Simeyrols — Veyrignac.

Canton de Cyprien (Saint-) (15 com.; 11,892 hab.; 19,520 hect.). — Allas-de-Berbiguières — Audrix — Berbiguières — Bézenac — Castels — Chamassy (Saint-) — Coux-et-Bigaroque — Cyprien (Saint-) — Marnac — Mouzens — Meyrals — Sireuil — Tayac — Tursac — Vincent-de-Cosse (Saint-).

Canton de Domme (15 com.; 13,635 hab,; 21,059 hect.). — Aubin-de-Nabirat (Saint-) — Bouzic — Castelnaud-et-Fayrac — Cénac-et-Saint-Julien — Chapelle-Castelnaud (La) — Cybranet (Saint-) — Daglan — Domme — Florimont-et-Gaumiès — Grolejac — Laurent-de-Castelnaud (Saint-) — Martial-de-Nabirat (Saint-) — Nabirat — Pompont (Saint-) — Veyrines.

Canton de Montignac (14 com.; 14,889 hab.; 28,075 hect.). — Amand-de-Coly (Saint-) — Aubas — Auriac — Chapelle-Aubareil (La) — Fanlac — Farges (Les) — Léon (Saint-) — Montignac — Peyzac — Plazac — Rouffignac — Sergeac — Thonac — Valojoux.

Canton de Salignac (9 com.; 7,936 hab.; 14,849 hect.). — Archignac — Borrèze — Crépin-et-Carlucet (Saint-) — Eyvignes-et-Eybènes — Geniès (Saint-) — Jayac — Nadaillac — Paulin — Salignac.

Canton de Sarlat (13 com.; 14,547 hab.; 19,748 hect.). — André-et-Allas-l'Évêque (Saint-) — Beynac-et-Cazenac — Lacanéda — Roque-Gagéac (La) — Marcillac-et-St-Quentin — Marquay — Nathalène (Sainte-) — Proissans — Sarlat — Tamniès — Vézac — Vincent-le-Paluel (Saint-) — Vitrac.

Canton de Terrasson (17 com.; 14,946 hab.; 19,741 hect.). — Bachellerie (La) — Beauregard — Cassagne (La) — Châtres — Chavagnac — Coly — Condat-sur-Vézère — Feuillade (La) — Grèzes — Ladornac — Lazare (Saint-) — Pazayac — Peyrignac — Rabier (Saint-) — Terrasson — Villac — Villedieu (La).

Canton de Villefranche-de-Belvès (12 com.; 6,731 hab.; 15,858 hect.). — Besse — Campagnac-lès-Quercy — Cernin-de-Lherm (Saint-) — Étienne-des-Landes (Saint-) — Fontenille-et-Aigueparses — Lavaur — Loubejac — Mazeyrolles — Orliac — Prats-de-Belvès — Trape (La) — Villefranche-de-Belvès.

X. — Agriculture.

Sur les 918,256 hectares du département, on compte :

Terres labourables. . . . . 538,570 hectares.
Prés. 75,982
Vignes. 85,146
Bois. . . . . , ... 200,210
Landes. 93,829

Le reste du territoire est réparti entre les cultures potagères, maraîchères et industrielles, les étangs, les emplacements de villes, de bourgs, de villages, de fermes, les surfaces comprises par les routes, les chemins de fer, etc.

On compte, dans le département, 37,212 chevaux, mulets et ânes. On fait peu d'élèves de chevaux, mais beaucoup de mulets et d'ânes. 153,547 bœufs sont répandus d'une manière inégale sur la surface du département. Les pâturages des montagnes nourrissent plus de 500,000 moutons, dont la race, depuis quelques années, s'est notablement améliorée. On y élève plus de 164,000 porcs ; 22,000 chèvres. Le nombre des ruches enfin est d'au moins 51,000, et celui des chiens de 32,000. Le produit des animaux de basse-cour est très-important, car il atteint et dépasse même le chiffre de 1,728,000 francs.

Ce département produit des céréales en quantité suffisante pour la nourriture de ses habitants. Les blés y sont de qualité supérieure et notamment ceux de Montagrier, de Tocane-Saint-Apre et d'Issigeac. On y cultive, en outre, le seigle, le sarrasin, l'avoine, les légumes, les pommes de terre, le châtaignier, le noyer surtout, la vigne, les arbres fruitiers, le figuier, le mûrier, les betteraves, le foin, le trèfle, le chanvre, etc.

La Dordogne fournit de l'huile de noix à tous les départements qui l'avoisinent ; elle en expédie même des quantités importantes à l'étranger ; l'arrondissement de Sarlat, qui est le plus boisé et le plus montagneux, se livre plus spécialement à cette dernière culture, qui l'enrichirait rapidement, s'il n'avait pas à redouter les gelées tardives et la grêle qui lui font régulièrement éprouver de sérieux dommages.

Les vignobles produisent des vins exquis. Les vins rouges (côte nord) de Bergerac, les vins de Brantôme, Goûts-Rossignol, de Ginestet, Issigeac, Lembras, sont très-estimés ; mais les vins blancs de Nexans et surtout de Monbazillac le sont plus encore. — La culture du tabac occupe aussi beaucoup de bras et est très-rémunératrice. Le service de cette culture comprend six bureaux de contrôle; deux à Périgueux et un dans chacune des localités suivantes : Saint-Cyprien, Belvès, Bergerac et Lalinde. Chaque bureau de contrôle se divise en 6 ou 10 sections, selon l'étendue du territoire qui relève de chacune d'elles. 70 contrôleurs de 1re, 2e ou 3e classe, sont chargés du service de ces sections qui, au nombre de 47, embrassent tout le département.

La Dordogne produit encore des champignons très-estimés, connus sous les noms de ceps et d'oronges. Enfin les truffes que l'on cultive ou que l'on trouve dans le Périgord ont une réputation trop bien établie pour qu'il soit nécessaire d'en faire ici l'éloge....

Une grande variété d'arbres peuple les 200,000 hectares de bois ou forêts qui couvrent le quart du département; mais l'essence qui y domine est celle du chêne.

Le hêtre, le bouleau, l'aune, l'érable, le frêne, le peuplier et le saule ne forment qu'une faible partie de ces bois ou grandes forêts. — La flore du département est extrêmement variée. — Une *ferme-école* est établie à la Vallade. Cette école possède un atelier où l'on fabrique des instruments aratoires perfectionnés.

XI. — Industrie.

La Dordogne est un des départements les plus importants de la France au point de vue de la fabrication de la fonte au bois. Le nombre des forges en activité est encore considérable, bien que depuis le traité de commerce plusieurs aient été obligées d'éteindre leurs feux. Nous citerons les fonderies de fer et de cuivre de Périgueux; celles d'Ans, situées sur le Blame, les plus importantes et les mieux outillées (2 hauts fourneaux, 2 affineries, une machine à percer et couper les canons, et de vastes ateliers de moulerie). Ajoutons celles de la Vallade; Sainte-Croix, 4 fourneaux d'affinerie; Nontron; la Chapelle-Saint-Robert; les Farges et les Fourches, 2 forges à battre, 2 affineries; Saint-Médard-d'Excideuil, moulerie; Saint-Vincent-sur-l'Isle, fours à puddler; Monclar et Saint-Georges-de-Monclar, forges et hauts fourneaux; Montagnac-la-Crempse; Mauzens-et-Miremont; la Rigaudie; Lavaur; Coly sur la rivière de l'Isle, produit 250 à 500 quintaux métriques de fer laminé; les Eyzies; Paradoux; les Fénières; Vialette; Gravier, hauts fourneaux, affinerie; Javerlhac; Lanouaille; Savignac-Ledrier; Saint-Vincent-d'Excideuil; Saint-Médard; Montagnac, etc. Le minerai de fer est extrait des minières de Domme, de Chourgnac, de Clermont-de-Beauregard, d'Excideuil, d'Hautefort-et-Lanouaillette, de Javerlhac, de la Chapelle-Saint-Robert, de Mussidan, Beaumont, Cadouin, etc. — Le combustible minéral est fourni principalement par les mines de Simeyrols et de Terrasson. On trouve encore de la houille à Domme, Brard-Ville, Beauregard et Saint-Lazare. — Les tourbières de la Dordogne font aussi l'objet d'opérations importantes. Il en existe à Milhac, Saint-Paul-Lizonne, Nanteuil-de-Bourzac, Lusignac, et sur les bords de la Lizonne et de la Pude. Mais là ne se bornent pas les richesses minérales du département; on trouve à Milhac des gisements de serpentine, de nickel, de cobalt, d'argile à faïence, de manganèse; Fressengeas fournit aussi du manganèse (première mine découverte en France). On trouve encore du cobalt, du nickel, du manganèse et de la terre à porcelaine à Saint-Jean-de-Côle; à Montagnac, de la terre à porcelaine. — Il existe des carrières de granit à Bourdeix et à Mialet; une carrière de marbre à Excideuil et à Saint-Pompont. On

extrait du plateau de Domme et à Sainte-Sabine, qui donne aussi du
plâtre, des pierres meulières d'une excellente qualité. Villac et Excideuil possèdent des ardoisières ; Mouleydier des grès pour pavé ; Boisseuil, Clermont-de-Beauregard, des grès faciles à polir ; Coly et Mouleydier des pierres lithographiques très-recherchées. — A Brard-Ville,
commune de Saint-Lazare, du sulfate de cuivre.

L'industrie la plus importante du département après celle du fer
est certainement celle qui a trait à la fabrication du papier. Des pape-
teries, dont quelques-unes fort importantes, sont disséminées sur
tout le territoire; nous ne citerons que les suivantes : Rottersach, commune de Lalinde, fabrique 2,000 kilogrammes par jour; Couze, pa-
piers filtres et pour envelopper le sucre ; Creysse, papier pour cartes
à jouer ; Saint-Paul-Lizonne , Monplaisant, Payzac, papier-paille ;
Thiviers, Allemans, Busserolles, la Roche-Beaucourt, le Marché, Montpont, Nanthiat.

Les nombreux cours d'eau du département ont facilité l'établissement de minoteries importantes. Sur la rivière de l'Isle à Menesplet
on compte 10 paires de meules. — Il y a des fabricants de cadis,
étamines et flanelles à Périgueux, sur le Toulon, et à Nontron, etc.;
des filatures de laine à Montpont, Terrasson, Daglan, Carsac, Pom-
bonne près Bergerac, etc. La fabrique de chapeaux de feutre de Ribérac
produit 500,000 chapeaux par an, et emploie 250 ouvriers ; mais
cette industrie n'est pas concentrée à Ribérac; il existe d'autres fabriques de chapeaux à Périgueux, au Bugue, etc. — Les fabriques de
conserves alimentaires de Périgueux, de Sarlat et de Nontron, sont re-
nommées. Il y a enfin, dans le département, des scieries mécaniques,
tanneries, verreries, fabriques de poterie, de coutellerie commune, de bonneterie, de cierges, de chandelles ; des teintureries et
des distilleries qui jouissent d'une grande faveur, surtout pour les
anisettes, et enfin des fabriques d'huile de noix.

XII. — Commerce, chemins de fer, routes.

Le département de la Dordogne *exporte* : des bois de construction,
du papier, des fers, des aciers, de la houille, des marbres, albâtres,
pierres de taille, meules, pierres lithographiques, plâtres, argiles,
pavés, marnes, bois agatisés, craie, terre à foulon; des étoffes, de la
laine, de la poterie, peu de chevaux, beaucoup d'ânes et de mulets,
surtout des porcs, des moutons, des bœufs, des volailles, oies grasses
et dindes très-estimées, des conserves alimentaires, des truffes, des

champignons, des châtaignes, des fruits, de l'huile de noix, des vins, etc.

Il *importe* : des matières premières pour ses filatures, des denrées coloniales ; des articles d'épicerie, de librairie, de modes, de nouveautés, d'horlogerie, d'ameublement; des fruits secs, et enfin 375,900 quintaux métriques de houille provenant d'Aubin (Aveyron), de Carmaux (Tarn), d'Ahun (Creuse), de Meymac (Corrèze), de Commentry (Allier), d'Angleterre et de Belgique.

Le département est traversé par trois chemins de fer d'un développement de 336 kilomètres 500 mètres.

1° Le chemin de fer de *Limoges à Agen* traverse le département du nord au sud. Il y entre à 2 kilomètres 700 mètres au delà de la gare de Bussière-Galant; dessert les stations de la Coquille, Thiviers, Negrondes, Agonac, Château-l'Évêque, Périgueux, Niversac, Versannes, la Gélie, Miremont, les Eyzies, le Bugue, le Buisson, Siorac, Belvès, le Got, Villefranche-de-Belvès, et après avoir parcouru 2 kilomètres 200 mètres, il entre dans le Lot-et-Garonne.

2° Le chemin de fer de Coutras à Brive traverse la Dordogne de l'ouest à l'est. Il entre à 250 mètres environ de la station de Soubie ; dessert les stations de Montpont, Beaupouyet, Mussidan, Neuvic, Saint-Astier, Razac, Périgueux, qu'il traverse, s'unit un instant jusqu'à la station de Niversac à la ligne de Limoges à Agen, et dessert ensuite Saint-Pierre-de-Chignac, Milhac, Thenon, la Bachellerie, Condat et Terrasson.

3° L'embranchement de Libourne à Bergerac entre dans le département à 2 kilomètres 200 mètres au delà de la station de Castillon, dessert les stations de la Mothe-Montravel, Montcarret, Velines, Saint-Antoine-Port-Sainte-Foy, Gardonne, Lamonzie-Saint-Martin, Prigonrieux, Bergerac. On travaille activement au prolongement de cet embranchement qui, remontant le cours de la Dordogne après avoir passé sur 5 ponts et traversé 3 tunnels, ira se relier sous peu au Buisson, à la ligne de Limoges à Agen, et plus tard, en passant par Sarlat, à la ligne de Limoges à Toulouse. Les stations desservies par cette section de l'embranchement (37 kilom.) sont : Creysse-Mouleydier, Saint-Capraise, Couze, Lalinde, Mauzac, Trémolat, Ales. Il aura une longueur d'environ 53 kilomètres. Enfin, un deuxième embranchement doit relier Bergerac à Ribérac par Mussidan et, quittant le département de la Dordogne au Petit-Bersac, traverser la Dronne et se relier à la ligne de Paris à Bordeaux qui le traverse près de la Roche-Chalais. Un dernier projet de chemin de fer est à l'étude, c'est celui du prolongement de l'embranchement d'Angoulême au Quéroy jusqu'à Nontron, et de là à Périgueux.

L'établissement des chemins de fer qui, partant de Périgueux, se dirigent vers les quatre points cardinaux du département ou parcourent la vallée de la Dordogne, n'a pas demandé la création d'ouvrages d'art d'une grande importance. On remarque quelques tunnels dont la longueur varie entre 250 et 390 mètres ; le plus long est celui de la Trappe (1,500 mètres), et sur la voie ferrée de Périgueux à Agen, seulement aux approches de la station de Belvès, on passe sur divers viaducs : celui de Fontgaufier (9 arches de 10 mètres); les viaducs de la Grange (15 arches), de Patouly (17 arches) et du Puech-Gaudon (7 arches); enfin le magnifique viaduc courbe de Larzac, qui a 21 arches de 12 mètres, et celui de las Tuques.

Les voies de communication comptent 14,770 kilomètres :

3 chemins de fer..................	336 1/2	
5 routes nationales................	568 1/2	
22 routes départementales............	1,031 kil.	
5,048 chemins vicinaux.... { 62 de grande communication....... 1,566 1/2		
59 de moyenne communication....... 942		12,695 1/2
4,927 de petite communication....... 10,181		
2 rivières navigables..............	323	
1 canal.	15^k 500^m	

XIII. — Dictionnaire des communes [1].

Abjat-de-Nontron, 1,548 hab., sur le Bandiat, c. de Nontron.

Agne (Saint-), 283 hab., c. de Lalinde.

Agonac, 1,590 hab., c. de Brantôme. ➠ Château : substructions de 980; donjon roman à contre-forts, parties ogivales et de la Renaissance. — Grotte remplie d'un gaz où s'éteignent les flambeaux.

Aillac, 291 hab., c. de Carlux. ➠ Grottes jadis habitées.

Ajat, 829 hab., c. de Thenon. ➠ Grotte.

Ales, 649 hab., c. de Cadouin. ➠ Grotte remarquable.

Allas-de-Berbiguières, 457 hab., c. de Saint-Cyprien. ➠ Château très-ancien. — Ruines d'un monastère.

Allemans, 1,156 hab., c. de Ribérac.

Alvère (Saint-), 1,703 hab., ch.-l. de c. de l'arrond. de Bergerac. ➠ Ruines d'un château.

Amand-de-Belvès (Saint-), 315 hab., c. de Belvès.

Amand-de-Coly (Saint-), 965 hab., c. de Montignac. ➠ Église et ruines d'un monastère du xiie siècle.

[1] On appelle *monuments historiques* les édifices reconnus officiellement comme présentant de l'intérêt au point de vue de l'histoire de l'art, et susceptibles pour cette raison, d'être subventionnés par l'État.

Amand-de-Vergt (Saint-), 583 hab., c. de Vergt.

André-et-Allas-l'Évêque (Saint-), 965 hab., c. de Sarlat.

André-de-Double (Saint-), 493 hab., c. de Neuvic.

Angoisse, 1,151 hab., c. de Lanouaille. ⋙⟶ Dolmen.

Anlhiac, 757 hab., c. d'Excideuil.

Annesse-et-Beaulieu, 642 hab., c. de Saint-Astier.

Antoine-d'Auberoche (Saint-), 206 hab., c. de Saint-Pierre-de-Chignac.

Antoine-de-Breuil (Saint-), 1,513 hab., c. de Vélines.

Antone-et-Trigonant, 918 hab., c. de Savignac.

Aquilin (Saint-), 920 hab., c. de Neuvic. ⋙⟶ Dolmen à Creyssac.

Archignac, 919 hab., c. de Salignac.

Astier (Saint-), 2,891 h., ch.-l. de c. de l'arrond. de Périgueux. ⋙⟶ Église (mon. hist.) des xiiᵉ, xiiiᵉ et xviᵉ siècles avec belle tour de cette dernière époque ; restes d'un bas-relief du xiiᵉ siècle à la façade. — Élégant château de Puy-Ferrat (xvᵉ siècle).

Atur, 774 hab., c. de Saint-Pierre-de-Chignac.

Aubas, 542 hab., c. de Montignac. ⋙⟶ Château de Sauvebœuf (peintures de Philippe de Champaigne). — Vallée de la Vézère, beau site du *Bout-du-Monde*.

Aubin-de-Cadelech ou **d'Eymet** (Saint-), 650 hab., c. d'Eymet.

Aubin-de-Lanquais (Saint-), 575 hab., c. d'Issigeac.

Aubin-de-Nabirat (Saint-), 446 hab., c. de Domme. ⋙⟶ Château du Repaire (xviᵉ siècle).

Audrix, 296 hab., c. de Saint-Cyprien.

Augignac, 1,215 hab., c. de Nontron. ⋙⟶ Église romane.

Aulaye (Saint-), 1,451 hab., ch.-l. de c. de l'arrond. de Ribérac. ⋙⟶ Église du xiiᵉ siècle.

Auriac, 1,065 hab., c. de Montignac.

Auriac-de-Bourzac, 389 hab., c. de Verteillac.

Avit-Rivière (Saint-), 378 hab., c. de Montpazier.

Avit-Sénieur (Saint-), 1,272 hab., c.

de Beaumont. ⋙⟶ Ruines d'une belle église à coupoles, du xiiᵉ et du xiiiᵉ siècle (mon. hist.). — Ruines du château de Papiol (bas-reliefs remarquables). — Grotte, fontaine et, entre les deux, crypte décorée de belles sculptures.

Avit-de-Vialard (Saint-), 217 hab., c. du Bugue.

Azerat, 1,314 hab., c. de Thenon. ⋙⟶ Grotte (belles stalactites). — Ancienne bastille carrée.

Bachellerie (La), 1,586 hab., c. de Terrasson. ⋙⟶ Beau château moderne de Rastignac. — Pittoresques vallons où se voient de curieux rochers.

Badefols-d'Ans, 1,193 hab., c. de Hautefort. ⋙⟶ Château du xivᵉ siècle.

Badefols-de-Cadouin, 518 hab., c. de Cadouin. ⋙⟶ Débris d'un château sur une colline.

Baneuil, 205 hab., c. de Lalinde. ⋙⟶ Menhir. — Donjon du xiᵉ ou du xiiᵉ siècle.

Bardou, 166 hab., c. d'Issigeac.

Bars, 814 hab., c. de Thenon.

Barthélemy-de-Bussière (Saint-), 742 hab., c. de Bussière-Badil. ⋙⟶ Pierre druidique.

Barthélemy-de-Montpont, 900 h., c. de Montpont. ⋙⟶ Étangs.

Bassillac, 770 hab., c. de Saint-Pierre-de-Chignac. ⋙⟶ Grottes.

Bayac, 588 hab., c. de Beaumont. ⋙⟶ Belles sources. Château de Bayac.

Beaumont, 1,926 hab., ch.-l. de c. de l'arrond. de Bergerac. ⋙⟶ Église fortifiée de la fin du xiiiᵉ siècle, flanquée de quatre tours, avec belles sculptures. — Château de Banne (xvᵉ siècle), très-bien conservé. — Château de Luzier. — Dolmen de Blanc.

Beaupouyet, 758 hab., c. de Mussidan.

Beauregard, 1,300 hab., c. de Terrasson. ⋙⟶ Château de Bélet. — Ruines du château de Potuverie. — Grotte celtique de Coursac.

Beauregard-et-Bassac, 480 hab., c. de Villamblard. ⋙⟶ Château du xivᵉ et du xvᵉ siècle. — Restes de fortifications.

Beauronne-et-Faye, 786 hab., c. de Neuvic.

Beaussac, 505 hab., c. de Mareuil.

Beleymas, 502 hab., c. de Villamblard.

Belvès, 2,568 hab., ch.-l. de c. de l'arrond. de Sarlat. ⟶ Église du xivᵉ et du xviᵉ siècle ; maisons ogivales ; restes d'un monastère de Templiers ; château du xiiᵉ et du xvᵉ siècle. — Trois vieilles tours.

Berbiguières, 539 hab., c. de Saint-Cyprien.

Bergerac, ch.-l. d'arrond., v. d 11,699 hab. ⟶ Belle église Notre-Dame, style du xiiiᵉ siècle (1833-1856); clocher de 80 mètres ; beaux vitraux. — Un pont en pierre, de 5 arches, franchit la Dordogne barrée par une *digue* de 4 à 5 mètres d'élévation, qui forme une chute magnifique et rend la rivière navigable en toute saison.

Bersac-le-Petit, 525 hab., de c.

Abbaye de Brantôme.

Ribérac. ⟶ Restes de remparts.

Bertric-et-Burée, 720 hab., c. de Verteillac.

Besse, 596 hab., c. de Villefranche-ae-Belvès. ⟶ Cromlech de 12 grosses pierres de grès rangées en cercle autour d'une treizième ; dolmen ; camp romain. — Église romane : bas-reliefs et porte sculptée (les sept péchés capitaux). — Château de la Renaissance, restauré sous Louis XV.

Beynac-et-Cazenac, 750 hab., c. de Sarlat. ⟶ Château des xiiᵉ, xivᵉ, xvᵉ et xviᵉ siècles, flanqué de belles tours carrées, et situé sur un rocher à pic dominant la Dordogne. — Sur le chemin qui conduit au château, bâtiment du xiii° siècle, qui paraît avoir servi de salle de justice.

Bézenac, 551 hab., c. de Saint-Cyprien.

Biras, 746 hab., c. de Brantôme.

Biron, 507 hab., c. de Montpazier. ⟶ Château fondé au xi° siècle, renfermant des constructions de toutes les époques. Tours et remparts très-anciens. Bâtiments d'habitation datant des xvi°, xvii° et xviii° siècles. Chapelle supérieure fort belle : détails de la dernière période ogivale et de la première Renaissance ; tombeau avec statue de Pons, baron de Biron, mort en 1524 ; beau groupe de statues représentant l'Ensevelissement du Christ. — Magnifique point de vue sur le Lot-et-Garonne et .a Dordogne.

Blis-et-Born, 640 hab., c. de Saint-Pierre-de-Chignac.

Boisse, 559 hab., c. d'Issigeac. ⟶ Dolmen à Draguet.

Boisseuil, 376 hab., c. de Hautefort. ⟶ Château du xv° siècle.

Boissière-d'Ans (La), 564 hab., c. de Thenon.

Bonneville-et-Saint-Avit, 295 h., c. de Vélines.

Born-de-Champs, 202 hab., c. de Beaumont.

Borrèze, 948 hab., c. de Salignac.

Bosset, 514 hab., c. de la Force.

Bouillac, 298 hab., c. de Cadouin.

Boulazac, 775 hab., c. de Saint-Pierre-de-Chignac.

Boulouneix, 592 hab., c. de Champagnac.

Bouniagues, 505 hab., c. d'Issigeac.

Bourdeilles, 1,458 hab., c. de Brantôme. ⟶ Château du xiv° siècle (mon. hist.); enceinte à mâchicoulis ; donjon octogonal, haut de 40 mètres, très-beau et d'une conservation admirable. Dans la seconde enceinte, château bâti au xvi° siècle par la belle-sœur de Brantôme. — Église romane à coupoles. — Logis des sénéchaux (xv° siècle), restauré. — Promenades en terrasse (xviii° siècle). — Pont ogival sur la Dronne. — Puy-de-Fontas, belle source. — Grottes curieuses.

Bourdeix (Le), 540 hab., c. de Nontron.

Bourg-du-Bost, 384 hab., c. de Ribérac.

Bourg-les-Maisons, 221 hab., c. de Verteillac. ⟶ Église à coupoles (xii° siècle).

Bourgnac, 426 hab., c. de Mussidan.

Bourniquel, 267 hab., c. de Beaumont. ⟶ Tombelle.

Bourrou, 333 hab., c. de Vergt.

Bouteilles-Saint-Sébastien, 607 hab., c. de Verteillac. ⟶ Source remarquable.

Bouzic, 720 hab., c. de Domme. ⟶ Grottes. — Belle source.

Brantôme, 2,590 hab., ch.-l. de c. de l'arrond. de Périgueux, bâti entre deux bras de la Dronne, que traversent quatre ponts. ⟶ Tours rondes, restes des anciens murs. — Curieux pont du xvi° siècle. — Belle *église abbatiale* (mon. hist.) du xii° s., remaniée au xiii°, restaurée de nos jours par M. Abadie. Le clocher du xi° siècle, bâti sur le roc, au-dessus de vastes cavernes, et isolé de l'église, a 50 mètres de haut. Peintures dans l'unique chapelle de l'église. Le cloître, du xv° siècle, est en partie détruit. Les bâtiments de l'abbaye, inachevés, sont du xviii° siècle. Nombreuses grottes, dont une, jadis habitée par les religieux, renferme de curieux bas-reliefs. — Ancienne *église paroissiale* abandonnée, datant du xv° siècle, bas-reliefs en bois. — Manoir du xvi° siècle, dit la Hierse. — Maisons des xii° et xiv° siècles. — Aux environs, magnifique dolmen.

Brassac, 1,549 hab., c. de Montagrier. ⟶ Château de Montardy. — Église du xiii° siècle, à coupoles ; curieuses sculptures du xiv° siècle. — A 5 kil. N. E., sur un promontoire, s'élèvent les belles ruines du château de Marouette, construit à la fin du xvi° siècle par Guy Chabot II, baron de Jarnac.

Breuilh, 370 hab., c. de Vergt.

Brouchaud, 506 hab., c. de Thenon. ⟶ Dolmen. — Restes d'une ancienne abbaye. — Sources du Blame ; puits de

Château de Beynac.

Bontemps, d'où sort un ruisseau après de fortes pluies.

Bugue (Le), 2,905 hab., ch.-l. de c. de l'arrond. de Sarlat, au confluent de la Vezère et de la Doux. ⟶ Belle église moderne, style du XIIIᵉ siècle. — Source de la Doux.

Bussac, 556 hab., c. de Brantôme.

Busserolles, 1,874 hab., c. dë Bussière-Badil.

Bussière-Badil, 1,322 hab., ch.-l. de c. de l'arrond. de Nontron. ⟶ Église du XIIᵉ siècle (mon. hist.) rema-

niée au XVᵉ; façade remarquable; sculptures bien conservées.

Cabans, 1,162 hab., c. de Cadouin. ⟶ Magnifique pont du chemin de fer d'Agen. — Vieux château de la Tour. — Château moderne de Bellerive.

Cadouin, 691 hab., ch.-l. de c. de l'arrond. de Bergerac. ⟶ Ruines (mon. hist.) d'une abbaye importante fondée en 1115. L'église, cruciforme, a une belle façade et une coupole centrale ; belle fresque du XVᵉ siècle à l'abside. Cloître splendide du XVᵉ s. et de

Brantôme : Vue de l'église abbatiale.

la Renaissance : sculptures intéressantes. Portes décorées de moulures empruntées au style ogival et à la Renaissance.

Calès, 618 hab., c. de Cadouin. ⟶ Source abondante de Traly.

Calviat, 730 hab., c. de Carlux. ⟶ Grotte.

Campagnac-lès-Quercy, 1,149 h., c. de Villefranche-de-Belvès. ⟶ Vieux château ; tombelle de Poyou.

Campagne, 596 hab., c. du Bugue. ⟶ Château bien conservé. — Grotte. — Belle source du Porteil.

Campsegret, 650 hab., c. de Villamblard.

Cantillac, 337 hab., c. de Champa-

gnac-de-Belair. ⟶ Vue sur la vallée de la Dronne.

Capdrot, 1,115 hab., c. de Montpazier.

Capraise-d'Eymet (Saint-), 415 hab., c. d'Eymet. ⟶ Grotte.

Capraise-de-Lalinde (Saint-), 408 hab., c. de Lalinde. ⟶ Beaux rapides des Porcherons, formés par la Dordogne, qui, aux basses eaux, coule tout entière avec fracas entre deux rochers.

Carlux-et-Limejouls, 1,017 hab., ch.-l. de c. de l'arrond. de Sarlat.

Carsac-de-Carlux, 801 hab., c. de Carlux. ⟶ Restes d'un aqueduc qui conduisait les eaux de la fontaine de Bouissou à une villa romaine dont on voit les ruines à 2 kil., dans les champs de Saint-Rome. — Église des xi° et xvi° siècles.

Carsac-de-Villefranche, 317 hab., c. de Villefranche-de-Longchapt. ⟶ Belles ruines de l'ancien château de Gurçon, sur un mamelon conique isolé, haut de 110 mètres.

Carves, 477 hab., c. de Belvès.

Cassagne (La) 510 h., c. de Terras-son. ⟶ Fontaine superbe de la Doux, qui donne naissance au Coly.

Cassien (Saint-), 158 hab., c. de Montpazier.

Castelnaud-et-Fayrac, 726 hab., c. de Domme. Au confluent de la Dordogne et du Céou. ⟶ Château du xiv° siècle, avec donjon carré à contre-forts du xiii° s. et grosse tour du v° s., sur un rocher dominant la rivière

Cloître de Cadouin.

Castels, 794 hab., c. de Saint-Cyprien.

Cause-de-Clérans, 665 hab., c. de Lalinde. ⟶ Ruines d'un château.

Cazoulès, 404 hab., c. de Carlux.

Celles, 1,418 hab., c. de Montagrier.

Cénac-et-Saint-Julien, 1,411 hab., c. de Domme. ⟶ Église romane.

Cendrieux, 1,062 hab., c. de Vergt. ⟶ Grottes.

Cercles-et-la-Chapelle-Monta-bourlet, 720 hab., c. de Verteillac. ⟶ Église du xii° siècle (mon. hist.).

Cernin-de-la-Barde (Saint-), 514 hab., c. d'Issigeac.

Cernin-de-Lherm (Saint-), 652 h., c. de Villefranche-de-Belvès.

Cernin-de-Reillac (Saint-), 342 h., c. du Bugue.

Chalagnac, 609 hab., c. de Vergt.

Chalais, 636 hab., c. de Jumilhac-le-Grand.

Chamassy (Saint-), 887 hab., c. de Saint-Cyprien. ⟶ Tumulus. — Grotte. — Ruines du château de Bretenoux. — Vieux castel de Perdigat.

Champagnac-de-Belair, 983 h., ch.-l. de c. de l'arrond. de Nontron. ➠→ Église romane.

Champagne-et-Fontaine, 1,246 h., c. de Verteillac. ➠→ Belle source à Fontaine.

Champcevinel, 777 hab., c. de Périgueux. ➠→ Tumulus portant une maison. — Château de Sept-Fons (xviiie siècle).

Champeau-et-la-Chapelle, 673 h., c. de Mareuil. ➠→ Châteaux des Bernardières et de Puychenil.

Chancelade - et - Andrivau, 1,096 hab., c. de Périgueux. ➠→ Abbaye de Chancelade fondée vers 1120 : l'église (mon. hist.) du xiie s., qui a été détruite par les Anglais au xive s. et par les protestants au xvie, a été restaurée en 1623 par l'abbé de Solminiac. La façade est un reste du monument primitif. La porte romane est cachée sous un revêtement moderne de plâtre et de bois formant porche. Le clocher (xiie siècle) est carré et orné de longues arcades. La nef ogivale offre des clefs de voûte ornées d'écussons, et, entre autres, de la fleur de lis. A la rencontre de la nef et du transept s'élève une coupole. Le chœur renferme de jolies *stalles* du xviie siècle. — Charmante petite chapelle du xiie siècle devant l'église.

Change (Le), 720 hab., c. de Savignac-les-Églises. ➠→ Église de Beaumont.

Chanterac, 920 hab., c. de Neuvic. ➠→ Château du Pouquet. — Église à deux nefs, de style bizarre.

Chapdeuil-et-Saint-Just, 687 hab., c. de Montagrier. ➠→ Vieux château de Narbonne, à Saint-Just.

Chapelle-Aubareil (La), 900 hab., c. de Montignac. ➠→ Dolmen. — Grotte. — Château du Manègre (xive siècle).

Chapelle-Castelnaud (La), 319 h., c. de Domme.

Chapelle-Faucher (La), 882 hab., c. de Champagnac. ➠→ Château du xixe siècle.

Chapelle-Gonaguet (La), 577 hab., c. de Saint-Astier.

Chapelle-Gresignac (La), 375 h., c. de Verteillac.

Chapelle-Montmoreau (La), 302 h., c. de Champagnac-de-Belair.

Chapelle-Saint-Jean (La), 82 h., c. d'Hautefort.

Chassaignes, 283 hab., c. de Ribérac.

Château-l'Évêque, 1,544 hab., c. de Périgueux. ➠→ Château du xve siècle restauré à diverses époques, ancienne propriété des évêques de Périgueux.

Châtres, 586 hab., c. de Terrasson. ➠→ Restes d'une abbaye d'Augustins du xie siècle.

Chavagnac, 662 hab., c. de Terrasson. ➠→ Cromlech remarquable.

Chenaud, 703 hab., c. de Sainte-Aulaye.

Cherval, 907 hab., c. de Verteillac. ➠→ Église à coupole du xiie s.

Cherveix-Cubas-et-Saint-Martial, 1,346 hab., c. d'Hautefort.

Chourgnac-d'Ans, 305 hab., c. d'Hautefort.

Cirq (Saint-), 291 hab., c. du Bugue.

Cladech, 280 hab., c. de Belvès.

Clermont-de-Beauregard, 280 h., c. de Villamblard. ➠→ Débris de fortifications et d'un château du xiie siècle. — Château de Montclar-Montastruc, des xiiie et xviie siècles. — Grotte.

Clermont-d'Excideuil, 517 hab., c. d'Excideuil. ➠→ Église gothique.

Cogulot, 197 hab., c. d'Eymet.

Colombier, 595 hab., c. d'Issigeac.

Coly, 503 hab., c. de Terrasson.

Comberanche-Épeluche, 271 hab., c. de Ribérac.

Condat, 645 hab., c. de Champagnac.

Condat-sur-Vézère, 687 hab., c. de Terrasson. A la jonction du Cern, de Coly et de la Vézère. ➠→ Château (1540). — Maison ayant appartenu aux Templiers. Sur la rive gauche de la Vézère, en amont, *gour* profond d'Ariol. — En aval, ravins et rochers du *Bout-du-Monde*.

Conne-de-la-Barde, 514 hab., c. d'Issigeac. ➠→ Grotte remarquable et fontaine abondante.

Connezac, 254 hab., c. de Nontron.

Coquille (La), 997 hab., c. de Jumilhac.

Corgnac, 1,260 hab., c. de Thiviers. ➠→ Église romane avec vieux clocher central. — Dans les environs, château de Laxion, du xvi° siècle, avec grosses tours et mâchicoulis. — Maison du xiii° siècle servant d'école.

Cornille, 478 hab., c. de Savignac-les-Églises.

Coubjours, 418 hab., c. d'Hautefort.

Coulaures, 1,565 hab., c. de Savignac-les-Églises. ⟫⟶ Rochers curieux sur la rive de l'Isle. — Château de Conti, du xv° siècle, restauré. — Source très-abondante de la Glane.

Coulounieix-et-la-Cité, 1,188 hab., c. de Périgueux.

Cours-de-Pile, 624 hab., c. de Bergerac. ⟫⟶ Château de Pile.

Coursac, 1,062 hab., c. de Saint-Astier.

Coutures, 462 hab., c. de Verteillac. ⟫⟶ Grotte.

Coux-et-Bigaroque, 1,658 hab., c. de Saint-Cyprien. ⟫⟶ Église du xii° siècle. — Ruines d'un château gothique à Bigaroque. — Fontaine de Salibourne. — Grotte.

Couze-et-Saint-Front, 755 hab., c. de Lalinde. ⟫⟶ Église en grande partie du xii° et du xvi° siècle; sculptures de la façade; chapelle du xiii° et du xiv° siècle; pierres tombales du xiv° siècle. Belles sources. Habitations creusées dans le roc le long de la vallée de la Couze.

Crépin (Saint-), 347 hab., c. de Saint-Pierre-de-Chignac.

Crépin (Saint-), 791 hab., c. de Mareuil. ⟫⟶ Château de Richemont, bâti par Brantôme, et renfermant son tombeau.

Crépin-et-Carlucet (Saint-), 724 hab., c. de Salignac.

Creyssac, 229 hab., c. de Montagrier. ⟫⟶ Dans un pré marécageux, superbe source du *Bouillidou*, qui jaillit avec impétuosité et forme aussitôt une petite rivière d'une abondance toujours égale.

Creysse, 749 hab., c. de Bergerac, sur la Dordogne. ⟫⟶ Belle source.

Creyssenssac-et-Pissot, 329 hab., c. de Vergt.

Croix (Sainte-), 554 hab., c. de Beaumont. Entre deux affluents de la Couze. ⟫⟶ Tour, reste d'un château gothique.

Croix (Sainte-), 397 hab., c. de Mareuil.

Cropte (La), 1,046 hab., c. de Vergt.

Cubjac, 1,112 hab., c. de Savignac-les-Églises. ⟫⟶ La moitié de l'Auvezère s'engouffre au moulin du Souci, et va reparaître à 4 kil. plus loin, par une source très-considérable qui fait mouvoir les forges de Saint-Vincent-d'Excideuil, avant de se jeter dans l'Isle.

Cumond, 949 hab., c. de Sainte-Aulaye.

Cunèges, 427 hab., c. de Sigoulès.

Cussac, 368 hab., c. de Cadouin. ⟫⟶ Grotte de Valadès.

Cybranet (Saint-), 545 hab., c. de Domme.

Cyprien (Saint-), 2,364 hab., ch.-l. de c. de l'arrond. de Sarlat. Près la Dordogne. — Eaux minérales. ⟫⟶ Ancienne abbaye. — Église du xii° siècle (mon. hist.). Château de Fages, des xii° et xvi° siècles.— Restes du monastère de Reignac. — Grotte de Roque-Fournier.

Cyr-les-Champagnes (Saint-), 750 hab., c. de Lanouaille.

Daglan, 1,575 hab., c. de Domme.

Doissac, 505 hab., c. de Belvès. ⟫⟶ Grotte.

Domme, 1,846 hab., ch.-l. de c. de l'arrond. de Sarlat. ⟫⟶ Église monolithe creusée dans les rochers de Caudon. — Restes de remparts et d'un château du xiv° siècle; belle porte dont la courtine et les tours sont appareillées en bossages. — Maisons et hôtel du xiv° s. — Grottes.

Douchapt, 564 hab., c. de Montagrier. ⟫⟶ Ruines de la tour de Vernode (xii° siècle).

Douville, 837 hab., c. de Villamblard. ⟫⟶ Grotte.

Douzillac, 1,043 hab., c. de Neuvic. ⟫⟶ Château de Mauriac (xii° siècle), au confluent de l'Isle et du ruisseau qui sort de la *fontaine de l'Abîme*.

Dussac, 962 hab., c. de Lanouaille. ⟫⟶ Château du xvi° siècle.

Échourgnac, 556 hab., c. de Montpont. ⟫⟶ Couvent de Trappistes de Biscaye, fondé en 1867, et dont les religieux se vouent à l'assainissement de la Double.

Église Neuve, 302 hab., c. de Vergt.

Église-Neuve-d'Issac, 401 hab., c. de Villamblard.

Escoire, 173 hab., c. de Savignac-les-Églises. »»—→ Château moderne.

Estèphe (Saint-), 1,067 hab., c. de Nontron. »»—→ Monuments celtiques : le Roc-Branlant et le roc du Pot-Perdu.

Étienne-de-Puycorbier (Saint-), 278 hab., c. de Mussidan.

Étienne-des-Landes, 60 hab., c. de Villefranche-de-Belvès.

Étouars, 431 hab., c. de Bussière-Badil.

Eulalie (Sainte-), 201 hab., c. d'Eymet. »»—→ Belle source.

Eulalie-d'Ans, 914 hab., c. d'Hautefort. »»—→ Vestiges de deux camps. — Belle source du Crézen.

Excideuil, 2,186 hab., ch.-l. de c. de l'arrond. de Périgueux. »»—→ Ruines (mon. hist.) du château fort d'Excideuil (deux tours du XIVe siècle). — Église du XIVe siècle (belles sculptures). — Jolie église gothique convertie en grenier. — Maison du maréchal Bugeaud. — Grotte.

Eygurande-et-Gardedeuil, 679 hab., c. de Montpont.

Eyliac, 846 hab., c. de Saint-Pierre-de-Chignac.

Eymet, 1,800 hab., ch.-l. de c. de l'arrond. de Bergerac. »»—→ Restes d'un château, d'une enceinte et de maisons gothiques.

Eyrenville, 470 hab., c. d'Issigeac.

Eyvignes-et-Eybènes, 592 hab., c. de Salignac. »»—→ Dolmen de la Roche-Noire. — Château du Claud (XVe siècle), très-bien conservé ; sculptures remarquables.

Eyvirat, 612 hab., c. de Brantôme.

Eyzerac, 669 hab., c. de Thiviers.

Falgueyrat, 112 hab., c. d'Issigeac.

Fanlac, 511 hab., c. de Montignac. »»—→ Château de Coulonges, partie du XIIIe siècle, partie de la Renaissance.

Farges (Les), 359 hab., c. de Montignac.

Faurilles, 147 hab., c. d'Issigeac.

Faux, 889 hab., c. d'Issigeac. »»—→ Dolmen de Champ-Guilhem. — Grotte.

Félix-de-Villadeix (Saint-), 599 hab., c. de Lalinde. »»—→ Deux dolmens, deux tombelles.

Félix-de-Mareuil (Saint-), 220 h., c. de Mareuil.

Félix-de-Reillac (Saint-), 625 h., c. du Bugue. »»—→ A Lafaurie, ormes magnifiques.

Festalemps, 745 hab., c. de Sainte-Aulaye.

Feuillade (La) ou **Lafeuillade,** 300 hab., c. de Terrasson.

Firbeix, 865 hab., c. de Saint-Pardoux-la-Rivière.

Flaugeac, 325 hab., c. de Sigoulès.

Fleix (Le), 1,417 hab., c. de la Force. »»—→ Château gothique transformé en temple protestant, où se tinrent, en 1578 et 1579, les conférences dites de Fleix. — Grotte de l'Ermitage, creusée de main d'homme.

Fleurac, 852 hab., c. du Bugue. »»—→ Château en partie du XVe siècle. — Église ogivale. — Grotte de Miremont, une des plus belles de France, 4,229 mètres de développement.

Florimond-et-Gaumiès, 690 hab., c. de Domme. »»—→ Grotte.

Fongalop, 233 hab., c. de Belvès.

Fonroque, 482 hab., c. d'Eymet. »»—→ Grotte d'où s'échappe une fontaine (le Touron).

Fontenille-et-Aigueparses, 363 h., c. de Villefranche-de-Belvès.

Force (La), 1,074 hab., ch.-l. de c. de l'arrond. de Bergerac. »»—→ Restes du château de la Force, détruit en 1793 ; écuries vastes et somptueuses.

Fossemagne, 888 hab., c. de Thenon. »»—→ Ruines d'une construction ancienne nommée Martillac. — Belle fontaine.

Fougueyrolles, 512 hab., c. de Vélines. »»—→ Ruines remarquables du château de Ségur.

Fouleix, 490 hab., c. de Vergt.

Foy-de-Belvès (Sainte-), 300 hab., c. de Belvès.

Foy-de-Longas (Sainte-), 685 h., c. de Saint-Alvère. »»—→ Château du XIVe siècle.

Fraisse, 465 hab., c. de la Force.

Front-d'Alemps (Saint-), 658 hab., c. de Brantôme. »»—→ Sur la Beauronne, ruines du château de Rochemarin.

Front-de-Champniers (Saint-),

528 hab., c. de Nontron. ⟶ Au milieu des bois, église du XIIᵉ siècle avec sculptures remarquables.

Front-de-Pradoux (Saint-), 568 h., c. de Mussidan.

Front-la-Rivière (Saint-), 950 h., c. de Saint-Pardoux-la-Rivière.

Gabillou, 345 hab., c. de Thenon.

Gageac-et-Rouillac, 656 hab., c. de Sigoulès.

Gardonne, 699 hab., c. de Sigoulès.

Gaujac, 312 hab., c. de Montpazier.

Geniès (Saint-), 1,400 hab., c. de Salignac.

Genis, 1,588 hab., c. d'Excideuil. ⟶ Sur un mamelon surplombant le Dalon, ruines du château de Morisque.

Georges-de-Blancaneix (Saint-), 439 hab., c. de la Force.

Georges-de-Monclar (Saint-), 649 hab., c. de Villamblard. ⟶ Ruines d'un vieux château.

Géraud-de-Corps (Saint-), 408 h., c. de Villefranche-de-Longchapt.

Germain-et-Mons (Saint-), 522 h., c. de Bergerac. ⟶ Au Grand-Mons, tour d'observation du XIIIᵉ ou XIVᵉ siècle.

Germain (Saint-), 450 hab., c. de Belvès.

Germain-des-Prés (Saint-), 935 h., c. d'Excideuil.

Germain-du-Salembre (Saint-), 794 hab., c. de Neuvic.

Géry (Saint-), 472 hab., c. de la Force. ⟶ Tumulus bien conservé.

Geyrac (Saint-), 702 h., c. de Saint-Pierre-de-Chignac, sur un ruisseau qui se perd et rejaillit plusieurs fois avant de joindre le Manoir.

Ginestet, 491 hab., c. de la Force.

Gouts-Rossignols, 872 hab., c. de Verteillac. ⟶ Débris antiques au lieu dit Fontaine-de-la-Ville. — Grotte spacieuse en partie inexplorée.

Grand-Castang, 206 hab., c. de Saint-Alvère. ⟶ Tour carrée, reste d'un château, transformée en clocher.

Granges-d'Ans, 655 hab., c. d'Hautefort.

Graulges (Les), 270 hab., c. de Mareuil.

Grèzes, 347 hab., c. de Terrasson.

Grignols, 1,080 hab., c. de Saint-Astier. ⟶ Restes d'un château du XIVᵉ siècle.

Grives, 487 hab., c. de Belvès.

Groléjac, 812 hab., c. de Domme. ⟶ Beau château avec vaste étang.

Grun, 497 hab., c. de Vergt.

Hautefaye, 400 hab., c. de Nontron.

Hautefort-et-Lanouaillette, 1,758 hab., ch.-l. de c. de l'arrond. de Périgueux. ⟶ Château (mon. hist.) bâti au XIᵉ siècle, reconstruit aux XVIᵉ et XVIIᵉ siècles.

Hilaire-d'Estissac (Saint-), 521 h., c. de Villamblard.

Innocence (Sainte-), 312 hab., c. d'Eymet.

Issac, 1,027 hab., c. de Villamblard. ⟶ Grotte.

Issigeac, 1,062 hab., ch.-l. de c. de l'arrond. de Bergerac. ⟶ Église de la Renaissance, construite dans des proportions singulières. La grande nef et les bas côtés sont de longs et étroits couloirs. — Le château de l'évêché (1663) a servi de résidence aux évêques de Sarlat.

Jaure, 346 hab., c. de Saint-Astier.

Javerlhac-et-La-Chapelle-Saint-Robert, 1,551 hab., c. de Nontron. ⟶ Monument druidique de Pierre-Virade. — Château (XIIᵉ siècle).

Jayac, 607 hab., c. de Salignac.

Jean-d'Ataux (Saint-), 252 hab., c. de Neuvic.

Jean-de-Côle (Saint-), 879 hab., c. de Thiviers. ⟶ Château de la Marthonie (XVᵉ et XVIᵉ siècles). — Ruines d'une abbaye dont il reste notamment le chœur de l'église, vaste coupole byzantine du XIᵉ siècle; stalles du XVIIIᵉ s.; tableaux de l'école Lesueur; élégan bénitier en cuivre; tombeau de l'évêquet Geoffroy de la Marthonie (1617); cloître de la Renaissance.

Jean-d'Estissac (Saint-), 441 hab. c. de Villamblard.

Jean-d'Eyraud (Saint-), 505 hab., c. de Villamblard.

Jory-de-Chalais (Saint-), 1,224 h., c. de Jumilhac-le-Grand.

Jory-Lasbloux (Saint-), 570 hab., c. d'Excideuil.

Journiac, 829 hab., c. du Bugue.

Julien (Saint-), 250 hab., c. de Brantôme.

Julien-de-Crempse (Saint-), 455 hab., c. de Villamblard.

Julien-d'Eymet (Saint-), 233 hab., c. d'Eymet.

Julien-de-Lampon (Saint-), 1,016 hab., c. de Carlux.

Jumilhac-le-Grand, 2,599 hab., ch.-l. de c. de l'arrond. de Nontron. ⟶ Tumulus de la Motte. — Beau château féodal du xve siècle, un des plus remarquables du Périgord, agrandi sous Louis XIV.

Labouquerie, 449 hab., c. de Beaumont.

Lacanéda, 442 hab., c. de Sarlat. ⟶ Grotte de Pey-de-l'Azé; ossements fossiles; armes gauloises.

Ladornac, 642 hab., c. de Terrasson.

Ladosse, 411 hab., c. de Mareuil.

Ladouze, 989 hab., c. de Saint-Pierre-de-Chignac. ⟶ Église du xive siècle; fonts anciens; chaire en pierre; beau retable.

Lajemaye, 402 hab., c. de Sainte-Aulaye, près du vaste étang de Petitonne (Double). ⟶ Églises à coupoles du xiie s.

Lalinde, 2,066 hab., ch.-l. de c. de l'arrond. de Bergerac. ⟶ Portes et pans de murailles en briques du xiiie siècle. — Église ogivale dominée par une grosse tour. — Canal de Lalinde, creusé pour éviter une navigation de 15 kil. dangereuse à cause des rapides du Saut-de-la-Gratusse (1 kil. en aval) et du Grand-Toret (1 kil. en amont), qui interrompent le cours de la Dordogne. — Jolie source derrière la ville. — Magnifique source du Soucy. — Belle source du moulin de Charrières, en face du Saut-de-la-Gratusse.

Lamonzie-Montastruc, 840 hab., c. de Bergerac. ⟶ Château imposant des xive et xvie siècles. — Grotte.

Lamonzie-Saint-Martin, 1,254 h., c. de Sigoulès. ⟶ Débris romains (aqueduc).

Lanouaille, 1,546 hab., ch.-l. de c. de l'arrond. de Nontron. ⟶ Ancienne propriété du maréchal Bugeaud.

Lanquais, 794 hab., c. de Lalinde.

⟶ Château de la famille de Gourgues (xive siècle); sculptures de Bachelier (Renaissance); belles collections de silex trouvés dans les grottes de l'âge de pierre dans le Périgord.

Larzac, 341 h., c. de Belvès.

Laurent-de-Castelnaud (Saint-), 886 hab., c. de Domme. ⟶ Dolmen de Pierre-Longue.

Laurent-des-Bâtons (Saint-) et **Saint-Maurice**, 588 hab., c. de Saint-Alvère.

Laurent-des-Hommes (Saint-), 1,147 hab., c. de Mussidan.

Laurent-des-Vignes (Saint-), 402 hab., c. de Bergerac. ⟶ Substructions romaines; anciens tombeaux.

Laurent-sur-Manoir (Saint-), 522 hab., c. de Saint-Pierre-de-Chignac. ⟶ Église en partie romane, en partie du xvie siècle. — Grotte très-vaste.

Lavaur, 370 hab., c. de Villefranche-de-Belvès. ⟶ Château de Templiers à demi ruiné. — Ruines d'un couvent de Bénédictins. — Belle église.

Lazare (Saint-), 551 hab., c. de Terrasson. ⟶ Grotte de la Badegoule. — Château de Peyraut (xive siècle).

Lèches (Les), 543 hab., c. de la Force. ⟶ Petite église romane, abandonnée.

Léguillac-de-Cercles, 955 hab., c. de Mareuil. ⟶ Église avec trois coupoles, du xiie siecle.

Léguillac-de-l'Auche, 694 hab., c. de Saint-Astier.

Lembras, 582 hab., c. de Bergerac.

Lempzours, 558 hab., c. de Thiviers.

Léon (Saint-), 352 hab., c. d'Issigeac.

Léon-sur-Vézère (Saint-), 1,068 h., c. de Montignac. ⟶ Château. — Splendides chaînes de rochers sur les deux bords de la Vézère.

Léon-sur-l'Isle (Saint-), 913 hab., c. de Saint-Astier.

Ligueux, 535 hab., c. de Savignac-les-Églises. ⟶ Restes d'un couvent de Bénédictins du xiie siècle; église à coupoles.

Limeuil, 840 hab., c. de Saint-Alvère. ⟶ Rochers imposants. — Belle vue sur la Dordogne et la Vézère.

Limeyrat, 514 hab., c. de Thenon. ⟶ Ruines du château fort d'Aubieroche.

Liorac, 627 hab., c. de Lalinde. ⟶ Restes du château du Repaire.

Lisle, 1,187 hab., c. de Brantôme. ⟶ Belle source de la Donzelle. — Beau site au confluent de l'Euch et de la Dronne ; arche d'un pont romain ruiné. — Église des XII° et XV° s., avec tour fortifiée.

Lolme, 257 hab , c. de Montpazier.

Loubejac, 746 hab., c. de Villefranche-de-Belvès. ⟶ Château ayant appartenu aux Templiers, rebâti en 1616, moins une tour qui est restée intacte. — Ruines d'un couvent de Bénédictins ; église remarquable. — Belle fontaine.

Louis (Saint-), 226 hab., c. de Mussidan. ⟶ Vaste église du XIII° siècle.

Lunas, 418 hab., c. de la Force.

Lusignac, 464 hab., c. de Verteilhac. ⟶ Ruines d'un château gothique.

Ruines du château Barrière, à Périgueux, d'après une photographie de M. J. Robuchon.

Lussas-et-Nontronneau, 883 hab., c. de Nontron.

Manaurie, 597 hab., c. du Bugue.

Mandacou, 579 hab., c. d'Issigeac.

Manzac, 952 hab., c. de Saint-Astier. ⟶ Église; porte romane sculptée.

Marcel (Saint-), 436 hab., c. de Lalinde.

Marcillac-et-Saint-Quentin, 654 h., c. de Sarlat.

Marcory (Saint-), 185 hab., c. de Montpazier.

Mareuil-sur-Belle, 1,565 hab., ch.-l. de c. de l'arrond. de Nontron. ⟶ Château, l'une des quatre baronnies du Périgord (mon. hist.), appartenant au prince de Chalais-Talleyrand, flanqué de tours carrées à mâchicoulis et créneaux (XV° siècle).

Marie-de-Chignac (Sainte-), 547 h., c. de Saint-Pierre-de-Chignac. ⟶

Église romane restaurée au xvi⁰ siècle.

Marnac, 488 hab., c. de Saint-Cyprien.

Marquay, 950 hab.; c. de Sarlat.

Marsac, 541 hab., c. de Périgueux. ⟫⟶ Débris de dolmens, de peulvens. — Fontaine intermittente.

Marsalès, 240 hab., c. de Montpazier.

Marsaneix, 851 hab., c. de Saint-Pierre-de-Chignac.

Martial-d'Albarède (Saint-), 704h., c. d'Excideuil.

Martial-d'Artenset (Saint-), 1,208 hab., c. de Montpont. .

Martial-de-Nabirat (Saint-), 1,135 hab., c. de Domme.

Martial-de-Valette (Saint-), 1,017 hab., c. de Nontron.

Martial-de-Viveyrol (Saint-), 619 hab., c. de Verteillac. ⟫⟶ Tumulus.

Martin-d'Astier (Saint-), 262 hab., c. de Mussidan.

Martin-de-Fressengeas (Saint-), 1,001 hab., c. de Thiviers.

Martin-de-Gurçon (Saint-), 767 h., c. de Villefranche-de-Longchapt. ⟫⟶ Église du xii⁰ siècle.

Martin-de-Ribérac (Saint-), 987h., c. de Ribérac. ⟫⟶ Tumulus.

Martin-des-Combes (Saint-), 545 hab., c. de Villamblard. ⟫⟶ Château de la Gaubertie (xv⁰ siècle).

Martin-le-Pin (Saint-), 624 hab., c. de Nontron.

Maurens, 1,042 hab., c. de Villamblard.

Mauzac-et-Saint-Meyme-de-Rozens, 488 hab., c. de Lalinde. ⟫⟶ Débris romains. — Ruines du château de Brantôme-de-Meillas. — Grotte. — Barrage, tête du canal de Lalinde.

Mauzens-et-Miremont, 1,155 hab., c. du Bugue. ⟫⟶ Restes d'un château féodal.

Mayac, 548 hab., c. de Savignac-les-Églises. ⟫⟶ Château moderne, dans un site pittoresque.

Mayme-de-Pereyrols (Saint-), 581 hab., c. de Vergt.

Mazeyrolles, 533 hab., c. de Villefranche de Belvès.

Méard-de-Dronne (Saint-), 587 h., c. de Ribérac. ⟫⟶ Tumulus.

Méard-de-Gurçon (Saint-), 1,349 h., c. de Villefranche-de-Longchapt. ⟫⟶ Vaste église. — Tumulus. — Barrage, tête du canal de Lalinde.

Médard (Saint-), 925 hab., c. de Mussidan.

Médard (Saint-), 931 hab., c. d'Excideuil.

Memin (Saint-), 1,075 hab., c. d'Excideuil.

Menesplet, 949 hab., c. de Montpont.

Menestérol-Montignac, 1,174 hab., c. de Montpont. ⟫⟶ Chartreuse de Vauclaire.

Mensignac, 1,144 hab., c. de Saint-Astier.

Mescoulès, 261 hab., c. de Sigoulès.

Meyrals, 778 hab., c. de Saint-Cyprien. ⟫⟶ Château de Laroque (Renaissance).

Mialet, 1,768 hab., c. de Saint-Pardoux-la-Rivière. ⟫⟶ Château de Lambertie.

Michel-Bonnefare (Saint-), 217 h., c. de Vélines. ⟫⟶ Château du xiv⁰ ou xv⁰ siècle, où naquit et mourut Montaigne.

Michel-de-Double (Saint-), 667 h., c. de Mussidan.

Michel-l'Écluse-et-Léparon (St.-), 1,334 hab., c. de Sainte-Aulaye.

Michel-de-Villadeix (Saint-), 574 hab., c. de Vergt.

Milhac-d'Auberoche, 858 hab., c. de Saint-Pierre-de-Chignac.

Milhac-de-Nontron, 1,519 hab., c. de Saint-Pardoux-la-Rivière.

Minzac, 969 hab., c. de Villefranche-de-Longchapt.

Molières, 821 hab., c. de Cadouin. ⟫⟶ Débris d'un château du xiv⁰ siècle, flanqué de tours carrées et dominé par un donjon. — Église romane. — Maison du xii⁰ siècle.

Monbazillac, 1,183 hab., c. de Sigoulès.

Monbos, 141 hab., c. de Sigoulès.

Mondane (Sainte-), 503 hab., c. de Carlux. ⟫⟶ Grotte; belle fontaine. — Château de Fénelon (Renaissance), remarquable par sa double enceinte et son péristyle; récemment restauré. —

Ancien quai de Périgueux.

Belles sculptures en bois. Fénelon y est né en 1651.

Monestier, 785 hab., c. de Sigoulès.

Montfaucon, 517 hab., c. de la Force.

Montferrand, 585 h., c. de Beaumont. ➠→ Château.

Monmadalès, 184 hab., c. d'Issigeac.

Monmarvès, 114 hab., c. d'Issigeac.

Montcarret, 1,120 hab., c. de Vélines. ➠→ Église du xiᵉ siècle ; sculptures remarquables. — Mosaïques anciennes.

Montpazier, 981 hab., ch.-l. de c. de l'arrond. de Bergerac. ➠→ Bâtie en 1284, sur un plan régulier. — Restes des anciennes portes. — Rues à angles droits aboutissant à une place entourée d'arcades ogivales. — Nombreuses maisons du xiiiᵉ siècle ; la plus remarquable est celle dite du Chapitre. — L'église (mon. hist.) date des xivᵉ, xvᵉ et xviᵉ siècles ; stalles du xvᵉ siècle.

Montpeyroux, 809 hab., c. de Villefranche-de-Longchapt. ➠→ Église du xiiiᵉ siècle.

Monplaisant, 428 hab., c. de Belvès.

Montpont, 2,022 hab., ch.-l. de c. de l'arrond. de Ribérac.

Monsac, 445 hab., c. de Beaumont. ➠→ Tombeaux anciens.

Monsaguel, 351 hab., c. d'Issigeac.

Monsec, 518 hab., c. de Mareuil.

Montagnac-d'Auberoche, 354 hab., c. de Thenon.

Montagnac-la-Crempse, 1,038 h., c. de Villamblard.

Montagrier, 761 hab., ch.-l. de c. de l'arrond. de Ribérac. ➠→ Ruines d'un château-fort.

Montaut, 306 hab., c. d'Issigeac. ➠→ Débris de constructions romaines. · Sur un plateau, base d'une tour antique. — Grotte.

Montazeau, 202 hab., c. de Vélines.

Montignac, 3,773 hab., ch.-l. de c. de l'arrond. de Sarlat. ➠→ Ruines d'un château fort. — Beau pont. — Sites riants sur les bords de la Vézère. — Grotte.

Montrem, 1,028 hab., c. de Saint-Astier.

Mothe-Montravel (La), 959 hab., c. de Vélines, sur la Dordogne (belle vallée). ➠→ Ancien château ; grosse tour crénelée. — Sur une colline, pan de mur semblable à un obélisque, reste d'un vieux château.

Mouleydier, 1,104 hab., c. de Bergerac. ➠→ Puits carré fort ancien. — Ruines de l'ancien château de Castille. — Source très-abondante. — Trou de l'Abîme, dans la forêt de Liorac — Grottes creusées de main d'homme, dans les rochers qui bordent la Dordogne.

Mouzens, 551 hab., c. de Saint-Cyprien.

Mussidan, 2,053 hab., ch.-l. de c. de l'arrond. de Ribérac.

Nabirat, 697 hab., c. de Domme.

Nadaillac, 872 hab., c. de Salignac. — Grotte.

Naillac, 486 hab., c. de Hautefort.

Nanteuil, 1,032 hab., c. de Thiviers.

Nanteuil-de-Bourzac, 713 hab., c. de Verteillac. ➠→ Restes d'un château gothique.

Nanthiat, 728 hab., c. de Lanouaille. ➠→ Beau pavillon féodal des xvᵉ et xviᵉ siècles.

Nastringues, 101 hab., c. de Vélines.

Nathalène (Sainte-), 632 hab., c. de Sarlat. ➠→ Grotte de Rofie.

Naussannes, 411 hab., c. de Beaumont.

Négrondes, 982 hab., c. de Savignac-les-Églises. ➠→ Belle fontaine qui a donné son nom au village (Nigra Unda).

Neuvic, 2,178 hab., ch.-l. de c. de l'arrond. de Ribérac. ➠→ Vaste château de la Renaissance.

Nexans (Saint-), 535 hab., c. de Bergerac.

Nojals-et-Clottes, 371 hab., c. de Beaumont. ➠→ Dolmen du Blanc.

Nontron, ch.-l. d'arrond., 3,292 hab. ➠→ Église reconstruite en 1874 dans le style transitionnel du xiiᵉ siècle. — Chapelle romane du Moutier, qui offre de beaux restes. — Ancien couvent des

Cordeliers, occupé par le palais de justice.

Notre-Dame-de-Sanilhac, 1,286 h., c. de Saint-Pierre-de-Chignac. ⟫⟶ Tumulus et peulven.

Orliac, 217 hab., c. de Villefranche-de-Belvès.

Orliaguet, 507 hab., c. de Carlux.

Orse (Sainte-), 1,198 hab., c. de Thenon.

Paleyrat, 530 hab., c. de Cadouin.

Pancrace (Saint-), 551 hab., c. Champagnac-de-Belair.

Pantaly-d'Ans (Saint-), 363 hab., c. de Savignac-les-Églises.

Pantaly-d'Excideuil (Saint-), 434

Ancienne maison, à Périgueux.

hab., c. d'Excideuil. ⟫⟶ Château ayant appartenu au maréchal Bugeaud.

Parcoul, 671 hab., c. de Sainte-Aulaye.

Pardoux-de-Dronne (Saint-), 441 hab., de Ribérac.

Pardoux-et-Vielvic (Saint-), 595 h., c. de Belvès.

Pardoux-La-Rivière (Saint-), 1,645

hab., ch.-l. de c. de l'arrond. de Nontron. ⟫⟶ Ruines d'un couvent de Dominicains.

Paul-de-Serre (Saint-), 515 hab., c. de Vergt. ⟫⟶ Débris d'une villa romaine. — Clocher d'un ancien monast.

Paul-La-Roche (Saint-), 1,444 h., c. de Jumilhac-le-Grand. ⟫⟶ Curieux rocher.

Paul-Lizonne (Saint-), 707 hab., c. de Verteillac.

Paulin, 621 hab., c. de Salignac.

Paunat, 717 hab., c. de Saint-Alvère. ⋙→ Restes d'un monastère de Bénédictins. — Ruines d'une forteresse qu'on croit du x° siècle, et d'une église des xii° et xv° siècles, ayant eu trois coupoles, dont une existe encore.

Paussac-et-Saint-Vivien, 941 hab., c. de Montagrier. ⋙→ Église à trois coupoles (xii° siècle).

Payzac, 2,250 hab., c. de Lanouaille. ⋙→ Dolmen.

Pazayac, 528 hab., c. de Terrasson.

Perdoux (Saint-), 308 hab., c. d'Issigeac.

Périgueux, 21,864 hab., ch.-l. du département, sur le penchant d'un coteau dominant la rive droite de l'Isle. La ville du moyen âge touche à la rivière; ses rues sont étroites et tortueuses; plus haut se trouve la ville moderne, aux maisons blanches, aux toits espacés par de larges promenades; plus loin, à gauche, la cité romaine, à l'écart comme un faubourg, aux maisons neuves et basses, s'appuyant sur d'admirables ruines. ⋙→ Périgueux occupe l'emplacement de l'antique cité gauloise de *Vésone*; des fouilles ont mis à découvert des débris de cette époque, tels que haches, flèches, poignards, monnaies, médailles, etc. — Sur le plateau de *la Boissière* se trouvent les restes d'un *camp romain*. — Sur la rive de l'Isle on remarque des *thermes* qui étaient alimentés par la fontaine de *Grandfont*, encore existante. Ces thermes avaient été construits par Marcilius et restaurés par Marc Pompée, comme l'indique une inscription conservée dans la grotte du *château Barrière*. Ce château, situé dans la cité, à côté de l'ancien mur d'enceinte, remonte à une époque très-reculée. La tour la plus élevée, qui domine au sud toutes les ruines, est l'œuvre du x° siècle. Le corps du château appartient au xii° siècle. — La *Tour de Vésone* (mon. hist.), qui s'élève à l'extrémité de la rue Saint-Pierre-ès-Liens, est une construction ronde, haute de 27 mèt. sur 20 mèt. 70 cent. de diamètre.

Toutes les voies de l'ancienne cité convergeaient sur ce point. On croit que cet antique édifice a dû être le corps principal, la *cella*, d'un temple, dont le péristyle aurait disparu et qui aurait été dédié aux dieux tutélaires de Vésone. — Non loin du château Barrière sont les ruines des *Arènes*. Cet amphithéâtre de forme ovale reposait autrefois sur deux étages d'ordre corinthien. D'immenses pans de mur, plusieurs cages d'escaliers, une dizaine de voûtes bien conservées, sur quelques-unes desquelles des habitations ont été construites, c'est là tout ce qui reste de cet édifice qui date du iii° siècle, et pouvait contenir 40,000 spectateurs. Au xii° siècle, les comtes de Périgueux en avaient fait leur château. Ils l'habitèrent jusqu'à la fin du xiv° siècle. Depuis, les matériaux de ce monument ont servi à des constructions nouvelles. — Les deux tiers environ de l'ancienne enceinte de la cité (v° siècle) sont encore visibles. — La *Cathédrale* (x° siècle), avant sa reconstruction, qui a eu lieu de 1865 à 1875, était un des édifices les plus étranges et les plus remarquables qu'il y eût en France. Imitation frappante de Saint-Marc de Venise, elle avait cinq grandes coupoles disposées en croix grecque. Le clocher est peut-être le seul clocher du genre byzantin qui existe au monde. Il a servi de type à plusieurs clochers de l'ouest de la France. Dans l'intérieur de Saint-Front, on remarque un immense retable en chêne sculpté, œuvre du jésuite Laville. — L'*évêché* occupe les anciens bâtiments de l'abbaye de Saint-Front, qui datent de plusieurs époques et encadrent un curieux *cloître* souterrain des xii°, xiii° et xiv° siècles. — *Saint-Étienne* (mon. hist.), l'ancienne cathédrale, a été bâti à peu près au même siècle que Saint-Front. Cette église, qui avait trois coupoles, n'en a plus que deux aujourd'hui, et l'une d'elles, la plus grande des deux, n'a été construite qu'au xii° siècle; la troisième est en construction. On remarque à l'intérieur un fragment important du retable de Saint-Front; l'inscription tumulaire de l'évêque Jean d'Asside (1169), et les jolies sculptures de son mausolée; des fresques modernes. — Pour compléter l'énumération des monuments religieux anciens, il faut ajouter l'église *Saint-Jean-Baptiste* occupée par un tonnelier, *Saint-Pierre-ès-Liens*, petit édifice carlovingien, et enfin *Sainte-Ursule*, style du xiiie siècle. Les deux autres églises, *Saint-Georges* et *Saint-Martin*, sont des édifices modernes. — Il convient aussi de signaler l'hôtel de la *Préfecture*, dont les proportions sont monumentales; l'*hôtel de ville*, ancien

Statue du maréchal Bugeaud, à Périgueux.

hôtel Lagrange-Chancel; le *palais de justice*, le *théâtre*, la *caserne* et la *manutention* bâtie sur l'enceinte de l'antique Vésone. — Le *musée d'antiquités* de Périgueux est l'un des plus riches de province; il comprend des antiquités égyptiennes, préceltiques et romaines. Le *musée de peinture* n'offre guère que quelques toiles remarquables, et celui de sculpture est moins riche encore — La *bibliothèque* contient 25,000 volumes. — Trois *ponts* : le Pont-Neuf, des Barris et de la Cité, construits en 1767, 1832 et 1860, relient les deux rives de la rivière de l'Isle. — Les *statues* du maréchal Bugeaud, de Montaigne, de Daumesnil et de Fénelon, ont été élevées sur la place Bugeaud, le cours Montaigne et les allées de Tourny. — Une *fontaine* monumentale, à triple vasque de bronze, décore depuis le 15 août 1836 la place *de la Claustre*.

Peyrignac, 557 hab., c. de Terrasson.

Peyrillac-et-Millac, 515 hab., c. de Carlux.

Peyzac-de-Montignac, 456 hab., c. de Montignac. ⟫⟶ Ruines du château de Laroque-Saint-Christophe. — Belles chaînes de rochers le long de la Vézère.

Pézuls, 481 hab., c. de Saint-Alvère.

Piégut-Pluviers, 1,595 hab., c. de Bussière-Badil. ⟫⟶ Restes d'un château et d'un donjon cylindrique du XIIᵉ siècle à Piégut.

Pierre-de-Chignac (Saint-), 882 hab., ch.-l. de c. de l'arrond. de Périgueux. ⟫⟶ Église romane près de laquelle on remarque les restes d'un édifice du XIIᵉ siècle. — Château de Lardimalie.

Pierre-de-Côle (Saint-), 1,144 h., c. de Thiviers. ⟫⟶ Sur un mamelon dominant la Colle, ruines imposantes du château de Bruzac (XVᵉ s.); souterrains et chapelle bien conservés.

Pierre-d'Eyraud (Saint-), 1,507 h., c. de la Force.

Pierre-de-Frugie (Saint-), 643 h., c. de Jumilhac-le-Grand. ⟫⟶ Châteaux gothiques de Frugie et de Vieillecour.

Pizou (Le), 1,108 hab., c. de Montpont.

Plazac, 1,585 hab., c. de Montignac.

Pompont (Saint-), 1,514 hab., c. de Domme. ⟫⟶ Château du XIVᵉ siècle.

Pomport, 972 hab., c. de Sigoulès.

Ponchat, 139 hab., c. de Vélines.

Ponteyraud, 152 hab., c. de Sainte-Aulaye.

Pontours, 528 hab., c. de Cadouin. ⟫⟶ Ancien château de Paty. — Tumulus de la Motte.

Port-Sainte-Foy, 1,274 hab., c. de Vélines. ⟫⟶ Grotte de Touron. — Tour d'une commanderie de Templiers.

Prats-de-Belvès, 350 hab., c. de Villefranche-de-Belvès.

Prats-de-Carlux, 655 hab., c. de Carlux.

Prayssac-d'Excideuil, 168 hab., c. d'Excideuil.

Pressignac, 487 hab., c. de Lalinde.

Priest-les-Fougères (Saint-), 789 hab., c. de Jumilhac-le-Grand. ⟫⟶ Tombelle.

Prigonrieux, 1,177 hab., c. de la Force.

Privat (Saint-), 1,093 hab., c. de Sainte-Aulaye. ⟫⟶ Vaste château de la Menardie. — Belle et ancienne église. — Jolie source.

Proissans, 880 hab., c. de Sarlat. ⟫⟶ Restes d'un camp gaulois; enceinte bien conservée.

Puyguilhem, 239 hab., c. de Sigoulès. ⟫⟶ Ruines importantes d'une forteresse.

Puymangou, 221 hab., c. de Sainte-Aulaye.

Puyrenier, 238 hab., c. de Mareuil.

Queyssac, 481 hab., c. de Bergerac. ⟫⟶ Grottes jadis habitées.

Quinsac, 807 hab., c. de Champagnac-de-Belair. ⟫⟶ Château de Vaugoubert, du XVIIIᵉ siècle, bâti par Armand d'Aydie, vice-roi de Castille.

Rabier (Saint-), 1,197 hab., c. de Terrasson.

Radegonde (Sainte-), 225 hab., c. d'Issigeac.

Rampieux, 407 hab., c. de Beaumont.

Raphaël (Saint-), 308 hab., c. d'Excideuil.

Razac-d'Eymet, 547 hab., c. d'Eymet. ⟫⟶ Dolmen et cromlech. — Débris de constructions romaines. — Ruines d'un château gothique.

Razac-de-Saussignac, 522 hab., c. de Sigoulès.

Razac-sur-l'Isle, 865 hab., c. de Saint-Astier. ⟫⟶ Source du Moulinot (l'Abîme). — Château du XVᵉ siècle à Montranceix.

Reillac-et-Champniers, 1,026 hab., c. de Bussière-Badil.

Remy (Saint-), 607 hab., c. de Villefranche-de-Longchapt.

Ribagnac, 399 hab., c. de Sigoulès.
➤ Château de Bridoire, XVII° siècle.

Ribérac, 3,578 hab., ch.-l. d'arrond.
➤ Ancienne église romane, maladroitement restaurée au XVII° siècle. — Château moderne. — Église du Minage servant de marché couvert.

Roche-Beaucourt (La), 897 hab., c. de Mareuil. ➤ Important château. — A 1 kil., beau menhir. — Dans les rochers d'Argentine, deux grottes de 600 mètres carrés, qui ont été habitées au moyen âge. On y remarque des puisards coniques, sortes de silos qui ont dû servir à conserver des grains.

Roche-Chalais (La), 2,580 hab., c. de Sainte-Aulaye. ➤ Ravin pittoresque de la Grand-Font. — Château moderne de la Valouse.

Romain, 762 hab., c. de Saint-Pardoux-la-Rivière.

Romain-de-Montpazier (Saint-), 259 hab., c. de Montpazier.

Romain (Saint-) et Saint-Clément, 652 hab., c. de Thiviers.

Roque-Gageac (La), 667 h., c. de Sarlat. ➤ Beaux rochers.

Rouffignac, 310 hab., c. de Sigoulès.

Rouffignac, 2,505 hab., c. de Montignac. ➤ Belle église de la Renaissance. — Grotte de Miremont, une des plus belles de France, 4,229 mèt. de développement. — Châteaux de Lherm et du Cheylard. — Dolmen.

Rouquette, 515 hab., c. d'Eymet.

Sabine (Sainte-), 756 hab., c. de Beaumont. ➤ Château de Cugnac, du XIII° siècle, et dans la forêt qui l'entoure, grand dolmen de la Cabane-du-Loup.

Sadillac, 197 hab., c. d'Eymet. ➤ Église romane remarquable. — Prieuré du XII° siècle. — Restes d'un mur d'enceinte et de fortifications du XII° siècle.

Sagelat, 528 hab., c. de Belvès. ➤ Belle usine de Fontgaufier, hameau jadis célèbre par son abbaye de Bénédictins.

Salagnac, 327 hab., c. d'Excideuil.

Salignac, 1,255 hab., ch.-l. de c. de l'arrond. de Sarlat. ➤ Château de Salignac-Fénelon, du XIII° siècle, réparé aux XV°, XVI° et XIX° siècles.

Salles-de-Belvès, 307 hab., c. de Belvès.

Salon, 568 hab., c. de Vergt.

Sarlande, 1,058 hab., c. de Lanouaille. ➤ Ancien château. — Église remarquable.

Sarlat, 6,255 hab., ch.-l. d'arrond., sur le ruisseau de la Cuje. ➤ Ancienne église cathédrale des XI° et XII° siècles, rebâtie au XIV° siècle; cinq statues au portail. — Dans le clos des Sœurs de la Miséricorde, *chapelle sépulcrale*, dite tour des Maures, du XII° siècle (mon. hist.). — Église ruinée servant de marché couvert (XIV° siècle). — Belles maisons des XIII°, XIV°, XV°, et XVI° siècles. — Maison d'Étienne de la Boetie, de la Renaissance. — Dans les environs, église du XIII° siècle, et château de la Boetie.

Sarliac, 401 hab., c. de Savignac-les-Églises.

Sarrazac, 1,290 hab., c. de Lanouaille.

Saud (Saint-), 2,171 hab., c. de Saint-Pardoux-la-Rivière. ➤ A 6 kil. ruines de l'église romane de l'abbaye de Pérouse, fondée par les Cisterciens en 1153.

Saussignac, 493 hab., c. de Sigoulès. ➤ Château ruiné du XVIII° s. — Tout près, belles ruines d'un vieux château.

Sauveur (Saint-), 380 hab., c. de Bergerac. ➤ Où est né le philosophe Maine de Biran.

Sauveur-la-Lande (Saint-), 289 h., c. de Montpont.

Savignac, 356 hab., c. du Bugue. ➤ Grottes intéressantes.

Savignac-de-Nontron, 376 hab., c. de Nontron.

Savignac-Lédrier, 1,320 hab., c. de Lanouaille.

Savignac-les-Églises, 963 hab., ch.-l. de c. de l'arrond. de Périgueux.

Seau-Saint-Angel, 473 hab., c. de Champagnac-de-Belair. ➤ Château de la Pouyade.

Segonzac, 245 hab., c. de Montagrier. ➤ Dolmen. — Château de la Martinie.

Sensenac-Puy-de-Fourches, 441 hab., c. de Brantôme.

Sergeac, 384 hab., c. de Montignac.

Serres-et-Montguyard, 338 hab., c. d'Eymet. ⟫→ Débris romains. — Ruines d'un château gothique.

Servanches, 256 hab., c. de Sainte-Aulaye.

Seurin-de-Prats (Saint-), 319 hab., c. de Vélines.

Séverin-d'Estissac (Saint-), 170 hab., c. de Neuvic.

Sigoulès-et-Lestignac, 725 hab., c. de Sigoulès. ⟫→ Château de Panissou.

Simeyrols, 412 hab., c. de Carlux.

Singleyrac, 240 hab., c. d'Eymet.

Siorac, 615 hab., c. de Ribérac. ⟫→ Ruines de fortifications. — Église bâtie par les Anglais. — Nombreux souterrains.

Siorac-de-Belvès, 1,216 hab., c. de Belvès. ⟫→ Vastes bâtiments de l'ancien château. — Pont en pierre sur la Dordogne.

Sireuil, 451 hab., c. de Saint-Cyprien. ⟫→ Ruines imposantes (xiie, xve et xvie siècles) du château de Commarque; magnifique donjon carré.

Sorges, 1,818 hab., c. de Savignac-les-Églises.

Soudat, 584 hab., c. de Bussière-Badil.

Soulaures, 535 hab., c. de Montpazier.

Sourzac, 1,204 hab., c. de Mussidan. ⟫→ Fontaine incrustante. — Château du moyen âge. — Église bâtie par les Anglais, au xiiie siècle. — Grotte et cascade.

Sulpice-de-Mareuil (Saint-), 427 hab., c. de Mareuil.

Sulpice-d'Excideuil (Saint-), 1,070 hab., c. de Lanouaille.

Sulpice-d'Eymet (Saint-), 146 h., c. d'Eymet.

Sulpice-de-Roumagnac, (Saint-), 625 hab., c. de Ribérac.

Tamniès, 707 hab., c. de Sarlat.

Tayac, 1,159 hab., c. de Saint-Cyprien. ⟫→ Curieuse église des xie et xiie siècles. — Grottes.

Teillots, 205 hab., c. de Hautefort.

Temple-la-Guyon (Le), 88 hab., c. de Hautefort.

Terrasson, 3,680 hab., ch.-l. de c. de l'arrond. de Sarlat. ⟫→ Beau pont en pierre. — Église du xve siècle. — Restes d'une abbaye de Bénédictins.

Teyjat, 733 hab., c. de Nontron.

Thénac, 405 hab., c. de Sigoulès. ⟫→ Aux Arènes, ruines d'une villa romaine.

Thenon, 1,852 hab., ch.-l. de c. de l'arrond. de Périgueux.

Thiviers, 3,011 hab., ch.-l. de c. de l'arrond. de Nontron. ⟫→ Église de 1245, restaurée; clocher roman. — Ruines du château de Planeau (xive siècle). — Château du xiie siècle, ruiné au xvie et restauré depuis. — Maisons anciennes.

Thonac, 474 hab., c. de Montignac. ⟫→ Château de Losse, du xiiie siècle, restauré au xvie. — Château de Belcaire; l'un et l'autre dominant la Vézère.

Tocane-Saint-Apre, 2,016 hab., c. de Montagrier. ⟫→ Dolmens. — Château de Fayolle (xve siècle). Sites ravissants sur la Dronne.

Tour-Blanche (La), 527 h., c. de Verteillac. ⟫→ Tour d'un château gothique qui était bâti sur une butte artificielle, au pied de laquelle jaillit une source très-abondante.

Tourtoirac, 1,288 hab., c. de Hautefort. ⟫→ Ruines d'une abbaye du xie siècle. — Porte fortifiée. — Sources abondantes. — Belles murailles de rochers sur le bord de la Vézère.

Trape (La) ou **Lafrape**, 69 h., c. de Villefranche-de-Belvès.

Trélissac, 1,163 hab., c. de Périgueux. ⟫→ Église du xiiie siècle. — Très-beau château moderne.

Trémolat, 925 h., c. de Saint-Alvère. ⟫→ Église à coupoles du xiie siècle. — Grottes curieuses. — Ruisseau de la Rége, dont les eaux laissent échapper des gaz inflammables.

Trie (Sainte-), 371 hab., c. d'Excideuil.

Tursac, 702 hab., c. de Saint-Cyprien. ⟫→ Château de Marzac. — Bords ravissants de la Vézère.

Urval, 422 hab., c. de Cadouin. ⟫→ Église du xie siècle, près des ruines d'un ancien couvent.

Valade (La) ou **Lavalade**, 174 hab., c. de Montpazier.

Valeuil, 728 hab., c. de Brantôme.

➤ Château de Ramefort. — Beaux sites dans la vallée de la Dronne.

Vallereuil, 423 hab., c. de Neuvic.

Valojoux, 501 hab., c. de Montignac. ➤ Château du moyen âge.

Vanxains, 1,593 hab., c. de Ribérac.

Varaignes, 957 hab., c. de Bussière-Badil.

Varennes, 258 hab., c. de Lalinde.

Vaunac, 686 hab., c. de Thiviers. ➤ Fontaine abondante.

Vélines, 873 hab., ch.-l. de c. de l'arrond. de Bergerac. ➤ Débris antiques; des mosaïques servent de pavé à des fermes modernes.

Vendoire, 445 hab., c. de Verteillac. ➤ Ruines du château de Bouzac.

Verdon, 148 hab., c. de Lalinde. ➤ Église; très-beaux vitraux; voûtes remarquables. — Ruines d'une ancienne commanderie.

Vergt, 1,842 hab., ch.-l. de c. de l'arrond. de Périgueux. ➤ Entre Bordas et Saint-Mamet, ruines considérables du château roman de Boussille. — Château de Breuil, du XVIIᵉ siècle. — Bel hôtel de ville moderne.

Vergt-de-Biron, 337 hab., c. de Montpazier.

Verteillac, 1,117 hab., ch.-l. de c. de l'arrond. de Ribérac. ➤ Dolmen que domine le château de la Mefrenie.

Veyrignac, 378 hab., c. de Carlux. ➤ Tombelle. — Ruines d'un château gothique. — Grotte.

Veyrines, 517 hab., c. de Domme.

Veyrines, 589 hab., c. de Vergt.

Veyssière (La) ou **Laveyssière,** 225 hab., c. de Villamblard.

Vézac, 572 hab., c. de Sarlat.

Vicq, 224 hab., c. de Lalinde.

Victor (Saint-), 312 hab., c. de Montagrier. ➤ Tumulus.

Vieux-Mareuil, 935 hab., c. de Mareuil. ➤ Église du XIIᵉ siècle, à trois coupoles.

Villac, 1,124 hab., c. de Terrasson.

Villamblard, 1,528 hab., ch.-l. de c.

de l'arrond. de Bergerac. ➤ Dolmen de Peyro-Lévado. — Château de Barrière, des XIIᵉ et XIVᵉ siècles. — Grotte de Cheyrat.

Villars, 1,669 hab., c. de Champagnac-de-Belair. ➤ Deux tombelles. — Beau château (Renaissance) de Puyguilhem. ➤ Église ruinée de l'abbaye de Boschaud (XIIᵉ s.). — Grotte.

Villedieu (La), 586 hab., c. de Terrasson.

Villefranche-de-Belvès, 1,641 h., ch.-l. de c. de l'arrond. de Sarlat. ➤ Vieilles maisons du XIIIᵉ siècle.

Villefranche-de-Longchapt, 960 hab., ch.-l. de c. de l'arrond. de Bergerac. ➤ Remparts du XIVᵉ siècle. — Château de Gurçon (XIIᵉ et XIVᵉ siècles).

Villetoureix, 1,038 hab., c. de Ribérac. ➤ Église dont les coupoles ont été remplacées par un clocher de dimensions exagérées. — Château de la Renaudie. — Tour de la Rigale, ancienne *cella* (sanctuaire) bien conservée d'un temple romain.

Vincent-de-Connezac (Saint-), 769 hab., c. de Neuvic.

Vincent-de-Cosse (Saint-), 586 h., c. de Saint-Cyprien.

Vincent-d'Excideuil (Saint-), 566 hab., c. de Savignac-les-Églises. ➤ *Gour* ou gouffre alimenté par l'Auvezère, qui en partie se perd à 4 kil. de là, dans la vallée de Cubjac.

Vincent-Jalmoutier (Saint-), 354 hab., c. de Sainte-Aulaye. ➤ Source abondante.

Vincent-le-Paluel (Saint-), 293 h., c. de Sarlat. ➤ Ruines romaines de la Salvie, entourées de cercueils en pierre. — Château de Paluel (XIᵉ et XVᵉ siècles); l'intérieur est ruiné; mais les murs extérieurs, les tours et les créneaux sont intacts.

Vitrac, 810 hab., c. de Sarlat. ➤ Ruines d'un ancien château.

Vivien (Saint-), 185 hab., c. de Vélines.

DORDOGNE

Les chiffres indiquent la hauteur en mètres au-dessus du niveau de la mer

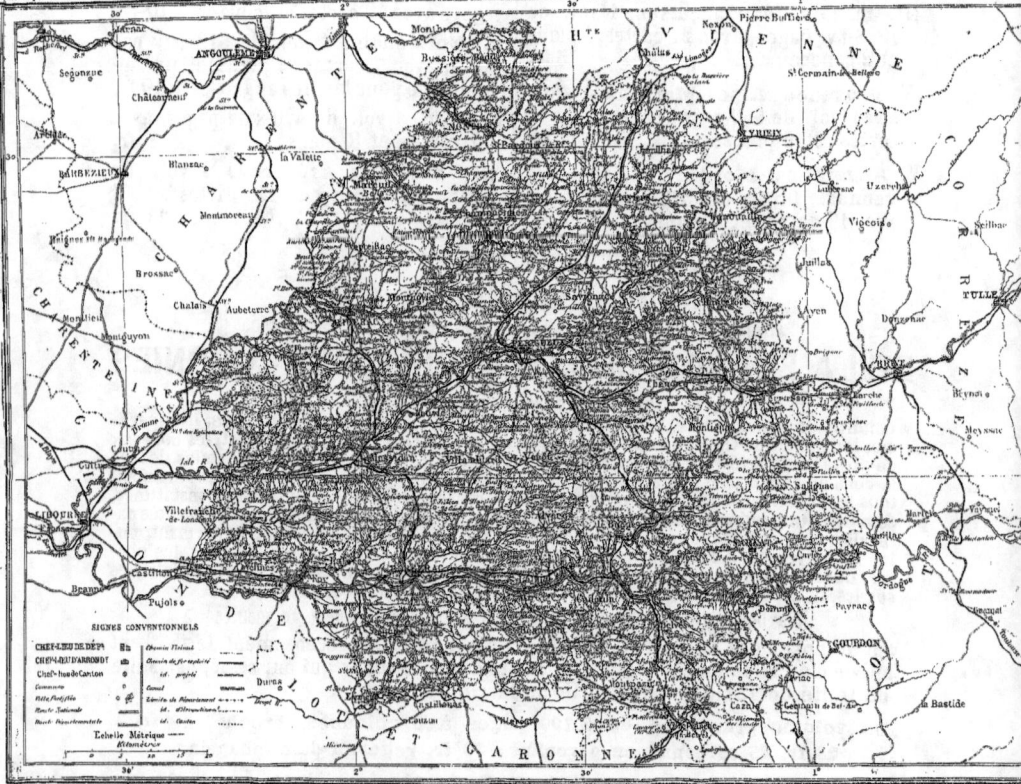

HAUTE VIENNE

ANGOULÊME

Ségonzac
Châteauneuf

BARBEZIEUX
Blanzac
la Valette
Montmoreau

CHARENTE

Mareuil

Nontron
Bussière-Badil

Châlus
Nexon
Pierre Buffière

St Germain-les-Belles

Uzerche
Vigeois

CORRÈZE

TULLE

Brantôme

Montignac

Périgueux

Sarlat

Donzenac

BRIVE

Meyssac

Montagrier

Ribérac

Aubeterre
Chalais
Montlieu
Monguyon

CHARENTE INF.

Montpon

LIBOURNE
Branne
Castillon
Pujols

Villefranche-de-Lonchat

GIRONDE

Bergerac

LOT

GOURDON

Payrac

la Bastide

Cazals
St Germain-du-Bel-Air

LOT ET GARONNE

SIGNES CONVENTIONNELS

CHEF-LIEU DE DÉP.t	Chemin vicinal
CHEF-LIEU D'ARROND.t	Chemin de fer exploité
Chef-lieu de Canton	id. projeté
Commune	Canal
Ville fortifiée	Limite de Département
Route Nationale	id. d'Arrondissement
Route Départementale	id. Routes

Échelle Métrique
Kilomètres

Hachette et Cie à Paris

LIBRAIRIE HACHETTE ET Cie

A PARIS, BOULEVARD SAINT-GERMAIN, 79

NOUVELLE COLLECTION DE GÉOGRAPHIES DÉPARTEMENTALES

PAR AD. JOANNE

FORMAT IN-12 CARTONNÉ

Prix de chaque volume. . . . . 1 fr.

32 départements sont en vente

EN VENTE

Aisne.	19 gravures, 1 carte.			Landes.	16 gravures, 1 carte.		
Allier.	29	—	1 —	Loire.	14	—	1 —
Aube.	14	—	1 —	Loire-Inférieure.	20	—	1 —
Basses-Alpes. .	11	—	1 —	Loiret.	22	—	1 —
B.-du-Rhône. .	27	—	1 —	Maine-et-Loire..	24	—	1 —
Cantal.	14	—	1 —	Meurthe. . . .	51	—	1 —
Charente. . . .	28	—	1 —	Nord..	20	—	1 —
Corrèze. . . .	11	—	1 —	Oise.	10	—	1 —
Côte-d'Or. . .	29	—	1 —	Pas-de-Calais.	16	—	1 —
Deux-Sèvres..	14	—	1 —	Puy-de-Dôme..	16	—	1 —
Dordogne. . .	14	—	1 —	Rhône.	16	—	1 —
Doubs.	6	—	1 —	Saône-et-Loire..	25	—	1 —
Gironde. . . .	40	—	1 —	Seine-et-Oise..	25	—	1 —
Haute-Saône..	12	—	1 —	Seine-Inférieure.	20	—	1 —
Indre-et-Loire.	40	—	1 —	Somme.. . . .	12	—	1 —
Isère.	10	—	1 —	Vienne.	15	—	1 —
Jura	12	—	1 —				

EN PRÉPARATION

Ain — Charente-Inférieure — Haute-Vienne — Loir-et-Cher
Seine-et-Marne — Vosges

ATLAS DE LA FRANCE

CONTENANT 95 CARTES

(1 carte générale de la France, 89 cartes départementales, 1 carte de l'Algérie et 4 cartes des Colonies)

TIRÉES EN 4 COULEURS ET 94 NOTICES GÉOGRAPHIQUES ET STATISTIQUES

1 beau volume in-folio, cartonné : 40 fr.
Chaque carte se vend séparément. . . . . 50 c.

TYPOGRAPHIE LAHURE, RUE DE FLEURUS, 9, A PARIS.

www.ingramcontent.com/pod-product-compliance
Lightning Source LLC
LaVergne TN
LVHW022117080426
835511LV00007B/877